2021年版

中検準1級・1級
試験問題

［第100・101・102回］
解答と解説

一般財団法人
日本中国語検定協会 編

白帝社

音声ファイルダウンロードについて

■『中検準 1 級・1 級試験問題 2021［第 100・101・102 回］』の音声ファイル（MP3）を無料でダウンロードすることができます。
下記サイトにアクセスしてください。
http://www.hakuteisha.co.jp/audio/chuken/j11-2021.html

■ 本文中の　マークの箇所が音声ファイル（MP3）提供箇所です。
ファイルは ZIP 形式で圧縮された形でダウンロードされます。
会場での受験上の注意を収録したトラック 01，02，48 の番号は，本書「問題」部分には記していません。

■ スマートフォンで音声ダウンロードと再生を行う場合の参考情報は，v 頁をご覧ください。

ご注意

* 音声の再生には，MP3 ファイルが再生できる機器などが別途必要です。
* ご使用機器，音声再生ソフトに関する技術的なご質問は，ハードメーカー，ソフトメーカーにお問い合わせください。

ダウンロードファイルをご利用できない場合は CD をお送りします。葉書あるいはメールに必要事項（①『中検準 1 級・1 級試験問題 2021［第 100・101・102 回］』の CD 希望，②お送り先の住所，③氏名）を明記の上，下記宛にお申し込みください。

171-0014 東京都豊島区池袋 2-65-1　白帝社 CD 係
info@hakuteisha.co.jp

まえがき

私たちの協会はこれまで各回の試験が終わるごとに級別に試験問題の「解答解説」を発行し，また年度ごとに3回の試験問題と解答解説を合訂した「年度版」を公表してきました。これらは検定試験受験者だけでなく，広く中国語学習者や中国語教育に携わる先生方からも，大きな歓迎を受けてきましたが，ただ主として予約による直接購入制であったため，入手しにくいので一般の書店でも購入できるようにしてほしいという声が多く受験者や学習者から寄せられていました。

その要望に応えるため，各回版と年度版のうち，「年度版」の発行を2013年度実施分より中国語テキストや参考書の発行に長い歴史と実績を有する白帝社に委ねることにしました。「各回版」の方は速報性が求められ，試験終了後直ちに発行しなければならないという制約を有するため，なお当面はこれまでどおり協会が発行し，直接取り扱うこととします。

本書の内容は，回ごとに出題委員会が作成する解答と解説に準じていますが，各回版刊行後に気づいた不備，回ごとの解説の粗密や記述体裁の不統一を調整するとともに，問題ごとに出題のねらいや正解を導くための手順を詳しく示すなど，より学習しやすいものになるよう配慮しました。

本書を丹念に読むことによって，自らの中国語学習における不十分なところを発見し，新しい学習方向を定めるのに役立つものと信じています。中国語学習者のみなさんが，受験準備のためだけでなく，自らの学力を確認するための目安として本書を有効に活用し，学習効果の向上を図られることを願っています。

2021年5月

一般財団法人 日本中国検定協会

本書について

本書は，日本中国語検定協会が2020年度に実施した第100回（2020年6月），第101回（2020年11月），第102回（2021年3月）中国語検定試験の問題とそれに対する解答と解説を，実施回ごとに分けて収めたものです。リスニング問題の音声はダウンロードして聴くことができます。

問　題

・試験会場で配布される状態のものに，音声のトラック番号を 03 のように加えています。ただし，会場での受験上の注意を収録した各回のトラック 01，02，48 は記していません。

解答と解説

・問題の最初に，出題の形式や狙いと細かい配点を示しています。

・４択式の解答は白抜き数字❶❷❸❹で，記述式の解答は太字で示しています。解説は問題ごとに　　　内に示しています。

・問題文と選択肢のすべてに日本語訳例を付し，筆記の選択肢の語句にピンインを付けています。

・ピンイン表記は原則として《现代汉语词典 第７版》に従っていますが，“不”“一”の声調は変調したものを示しています。
“没有”は動詞は méiyǒu，副詞は méiyou のように表記しています。
軽声と非軽声の２通りの発音がある場合は，原則として軽声の方を採用しています。例：“打算 dǎ·suàn”は dǎsuan，“父亲 fù·qīn”は fùqin，“因为 yīn·wèi”は yīnwei。

・音声のトラック番号は，04 のように示し，繰り返しのものを割愛しています。

解答用紙見本

・巻末にマークシート式の解答用紙の見本（一部。70％縮小）があります。記入欄を間違えないように，解答欄の並び方を確認しましょう。

参考情報 スマートフォンで音声ダウンロードと再生を行う手順

http://www.hakuteisha.co.jp/audio/chuken/j11-2021.html

・**iPhone で Clipbox**（解凍用アプリ）**を使う場合**

① App Store から Clipbox Zip をダウンロードします。

② QR コードリーダーで QR コードを読み取ります。
URL を入力する場合は，Clipbox Zip を起動し，「ブラウザ」を選択し入力します。

③ ダウンロードしたいものを選択（タッチ）します。通信環境により，ダウンロード完了までに 15 分以上かかる場合があります。

④ 「Clipbox Zip にコピー」を選択→出てきた Zip を選択→「解凍します」を選択。

⑤ 聞きたいトラック番号を選択して，音声を再生します。

・**iPhone で Easy Zip**（解凍用アプリ）**を使う場合**

① App Store から Easy Zip をダウンロードします。

② QR コードリーダーで QR コードを読み取ります。
URL を入力する場合は，Easy Zip を起動し，「ブラウザ」を選択し入力します。

③ ダウンロードしたいものを選択（タッチ）します。通信環境により，ダウンロード完了までに 15 分以上かかる場合があります。

④ 「“Easy Zip” で開く」を選択→出てきた Zip を選択→「解凍します」を選択。黄色いフォルダが作成されます。

⑤ 聞きたいトラック番号を選択して，音声を再生します。

・**Android で Clipbox+**（解凍用アプリ）**を使う場合**

① Play ストアから Clipbox+ をダウンロードします。

② QR コードリーダーで QR コードを読み取り，Clipbox+ を使用して音声ダウンロードページを開きます。URL を入力する場合は，Clipbox+ を起動し，「クリップ」→「ブラウザ」を選択し入力します。

③ ダウンロードしたいものを選択（タッチ）します。

④ 「クリップ」→「OK」（→「キャンセル」）を選択します。画面上で変化はありませんが，ダウンロードが始まっています。通信環境により，ダウンロード完了までに 15 分以上かかる場合があります。

⑤ 左上の「< ブラウザ」をタッチして TOP に戻り，保存場所（通常は「マイコレクション」）を選択します。③で選択した Zip が無い場合，まだダウンロードが完了していません。完了すると Zip が現れます。

⑥ Zip を選択すると「解凍しますか」が表示され，「OK」を選択すると，解凍された mp3 ファイルが現れます。

⑦ 聞きたいトラック番号を選択して，音声を再生します。

目　次

準1級

第100回（2020年6月）

問　題

リスニング……2

筆　記……5

解答と解説

リスニング……12

筆　記……20

第101回（2020年11月）

問　題

リスニング……34

筆　記……37

解答と解説

リスニング……44

筆　記……52

第102回（2021年3月）

問　題

リスニング……66

筆　記……69

解答と解説

リスニング……76

筆　記……84

1　級

第101回（2020年11月）

問　題

リスニング……98

筆　記……101

解答と解説

リスニング……108

筆　記……117

中国語検定試験について……130

試験結果データ……134

解答用紙見本

準1級第100回

(2020年6月)

問　題

リスニング ………………………………………… 2

筆　記 ………………………………………………… 5

解答時間：計120分

配点：リスニング100点，筆記100点

解答と解説

リスニング ………………………………………… 12

筆　記 ……………………………………………… 20

リスニング （⇨解答と解説12頁）

03 **1** 中国語を聞き，⑴～⑽の問いの答えとして最も適当なものを，それぞれ①～④の中から１つ選び，その番号を解答欄にマークしなさい。 (50点)

メモ欄

04
12

05
13

06
14

07 (1)

15 ①　②　③　④

08 (2)

16 ①　②　③　④

09 (3)

17 ①　②　③　④

10 (4)

18 ①　②　③　④

11 (5)

19 ①　②　③　④

メモ欄

20
28

21
29

22
30

23
31

(6)

① ② ③ ④

24
32

(7)

① ② ③ ④

25
33

(8)

① ② ③ ④

26
34

(9)

① ② ③ ④

27
35

(10)

① ② ③ ④

36 **2** はじめに中国語の文章を読みます。続いて文章の中から５か所を選んで読みますので，その５か所を漢字で解答欄に書きなさい。 (50点)

37
メモ欄
45

38
46

39
47

40
41
42
43
44

筆　記

（⇨解答と解説20頁）

1 次の文章を読み，(1)～(10)の問いの答えとして最も適当なものを，それぞれ①～④の中から１つ選び，その番号を解答欄にマークしなさい。 (20点)

今年春节是刘晓曼离开家乡，到北京上大学的第一个春节。她早就盼着放假回家，父母也等着她早点儿回去，[(1)]几天打电话催她先去买火车票。可是，几个高中同学放假后要来北京聚一聚，为此(2)耽搁了一个多星期。她去买票回家时，就只剩下无座的票了。

正在她又后悔，又无可奈何，和自己生气的时候，母亲[(3)]不合时宜地打来电话，问她什么时候到家，声音里充满了期待。刘晓曼没好气儿地吼道："没买到票，不回去了！"恼火地关上了手机。她拖着行李箱上了车，费了九牛二虎之力总算放好了行李，人却被挤到了车厢的连接处。紧挨[(4)]她站[(4)]的是一个农民模样的小伙子，他的衣服很脏，胡子似乎好几天没刮了，显得很疲惫。最不能容忍的是他的身上散发着一股汗味儿，很难闻。刘晓曼皱皱眉头，想往旁边儿挪挪，离开他一点儿。看到刘晓曼一[(5)]厌恶的表情，那个小伙子先是一怔，然后拼命向后挤，希望能挤出一点儿空间。可是[(6)]挤得动呢？他不住地说着："对不起"，样子尴尬极了。

这时，小伙子的电话响了，他用一只手挡在嘴边儿，尽量不影响别人。"妈，我上车了，很快就到家了。是卧铺……很舒服，您放心吧！"刘晓曼听到后心里猛地一动，她[(7)]重新看了看小伙子，才发现他[(8)]穿得有些老气，[(8)]年龄和自己相仿，还有几分帅气。小伙子见刘晓曼愣愣地看着他，显得有些[(9)]。"你为什么要那么说呢？"刘晓曼好奇地问。小伙子纯朴地笑着说："儿行千里母担忧，何必让她操心呢？"

刘晓曼突然意识到了什么，赶忙掏出手机拨通母亲的电话："妈，我上车了。嗯，遇到了一个好心的小伙子把票让给了我。对，是卧铺……。"母亲在电话里笑出了声："是吗？那太好了。你要是能找到一个这样好心的男朋友，妈就更高兴了。"刘晓曼的脸涨得通红，害羞地笑了。

(1) 空欄(1)を埋めるのに**適当でないもの**は，次のどれか。

① 接连　② 连续　③ 陆续　④ 一连

(2) 下線部(2)の正しいピンイン表記は，次のどれか。

① dǎnge　② dǎngē　③ dānge　④ dāngē

(3) 空欄(3)を埋めるのに適当なものは，次のどれか。

① 刚刚　② 仅仅　③ 偏偏　④ 屡屡

(4) 2 か所の空欄(4)を埋めるのに適当な同一の語は，次のどれか。

① 了　② 地　③ 得　④ 着

(5) 空欄(5)を埋めるのに適当なものは，次のどれか。

① 面　② 张　③ 片　④ 脸

(6) 空欄(6)を埋めるのに適当なものは，次のどれか。

① 哪里　② 怎么样　③ 为什么　④ 哪怕

(7) 空欄(7)を埋めるのに適当なものは，次のどれか。

① 恨不得　② 不由得　③ 不见得　④ 巴不得

(8) 2 か所の空欄(8)を埋めるのに適当なものは，次のどれか。

① 即使…也…　② 尽管…但…　③ 既然…就…　④ 就算…又…

(9) 空欄(9)を埋めるのに適当なものは，次のどれか。

① 手足无措　② 笨手笨脚　③ 措手不及　④ 七手八脚

(10) 本文の内容と一致するものは，次のどれか。

① 刘晓曼提前一个多星期去买票，也没买到有座位的票。

② 小伙子给刘晓曼挤出了一点儿空间。

③ 小伙子的言行影响了刘晓曼。

④ 刘晓曼的妈妈以为小伙子是她的男朋友。

2 ⑴～⑽の文の空欄を埋めるのに最も適当なものを，それぞれ①～④の中から１つ選び，その番号を解答欄にマークしなさい。 （20 点）

⑴ 夏天的傍晚，附近的人都坐在湖边（　　　）。
① 乘凉　② 接风　③ 着凉　④ 兜风

⑵ 我（　　　）地反复劝他不要去冒险，他就是不听。
① 三三两两　② 三心二意　③ 三言两语　④ 三番五次

⑶ 前面来了一（　　　）边走边唱的小朋友。
① 堆　② 帮　③ 团　④ 批

⑷ 市政府正在（　　　）国际足球比赛的志愿者，可以在网上报名。
① 聚集　② 汇集　③ 群集　④ 征集

⑸ 本课程是（　　　）大学本科心理学专业学生的实习课。
① 面谈　② 面对　③ 面向　④ 面临

⑹ 各级政府要简化手续，提供方便，为留学生回国就业（　　　）。
① 开夜车　② 开绿灯　③ 走后门　④ 闯红灯

⑺ 这个词没有“祝贺”的意思，用在结婚贺词里不（　　　）。
① 恰巧　② 恰当　③ 巧合　④ 顺当

⑻ 他是新闻专业的毕业生，有很多在电视台、报社等（　　　）工作的老同学。
① 媒体　② 语体　③ 群体　④ 载体

⑼ 王萍迟到了，她轻轻地走进教室，在同学们的面前（　　　）地对老师说：“对不起！”
① 暗暗　② 明明　③ 默默　④ 悄悄

⑽ 在世界气象大会上，与会者（　　　）气候变暖的问题展开了讨论。
① 环绕　② 缠绕　③ 围绕　④ 围拢

3 ⑴～⑻の文の下線を付した語句の説明として最も適当なものを，それぞれ①～④の中から１つ選び，その番号を解答欄にマークしなさい。 (16 点)

⑴ 发生脱轨事故之后，铁路局分析原因，举一反三，采取措施，避免了类似事故的发生。

① 列举一个例子说明三件事。

② 通过三件事说明一件事。

③ 列举异类的例子类推一件事。

④ 从一件事类推更多的事。

⑵ 小陈夫妇在涨价的前一天挤上了末班车，用原来的定价买了一辆一直想买的吉普车。

① 剩下的一台汽车。

② 后面的一辆汽车。

③ 最后的机会。

④ 唯一的机会。

⑶ 这些暴徒的行为已到了肆无忌惮的地步。

① 任意妄为，没有顾虑。

② 花钱、用东西没有节制。

③ 骄傲自大，看不起别人。

④ 高兴得控制不住自己。

⑷ 徐兰亭在国外大学学的是哲学，研究佛教史以后才改行画画儿，是一位半路出家的画家。

① 年轻时离开家乡。

② 中途开始新的工作。

③ 辞掉工作去寺庙当和尚。

④ 经常变换工作。

(5) 那国政府虽然同意降低纺织品的关税，但没设定实施的日期，实际上是开了一张空头支票。

① 没写金额的支票。

② 可以任意填写的支票。

③ 不想或不能实现的诺言。

④ 内容不具体、时间不明的诺言。

(6) 这些年来，海水养殖的试验总是一波未平，一波又起，进行得不太顺利。

① 比喻旧问题还没解决，又出现新问题。

② 比喻一个接一个地解决问题。

③ 比喻刚解决了旧问题，又出现新问题。

④ 比喻没解决旧问题，解决了新问题。

(7) 为了多盈利，这家超市不管三七二十一，对所有的农产品，都贴上了“无农药”的标签销售，受到了有关部门的处罚。

① 不考虑成本。

② 不在乎价格。

③ 不重视数量。

④ 不顾一切。

(8) 由于自己的疏忽给公司造成了这么大的损失，我十分内疚。

① 对自己的言行不满。

② 心里不能原谅别人的错误。

③ 心里感到惭愧不安。

④ 因苦恼而得了心理疾病。

4 次の文章を読み，ピンインで表記されている語句(ア)・(イ)を漢字（簡体字）に改め，解答欄(1)に書きなさい。また，下線部(a)～(c)を日本語に訳し，解答欄(2)に書きなさい。

(24 点)

在不会骑自行车的人看来，能骑着车随心所欲地到处游走很了不起，可是会骑自行车的人都知道，那其实并不需要多少技能，就像平时走路一样，自自然然，简简单单。当然，万事开头难，开始学的时候并不容易。

我刚学骑车时，父亲总是在后面扶着自行车，所以我学得很快，骑得挺安稳。可有一次，我一回头，发现父亲并没有扶自行车，好像只是在看着。(a)我顿时惊慌失措，连人带车一起歪倒在地，摔得甚是惨重。我(ア) bàoyuàn 父亲说：“您为什么要松手？”父亲说：“其实你已经会骑自行车了，这几次我都只是在后面做做样子，并没有扶。”我问父亲：“我要是已经会骑了，怎么会从自行车上摔下来呢？”父亲说：“那是因为你发现我没有扶，心里就紧张和害怕起来。(b)是害怕和紧张使你稳不住神，慌了手脚而跌倒的。”(イ) Yóucǐ-kějiàn，刚学骑自行车的人之所以常常从自行车上摔下来，原因不只在技术上，更多的是因为有一种畏惧的心理，畏惧使人失去了自信。

另外，骑车的人都有这样的体验：想让车静止不动，则很难控制住自行车的平衡；但保持一定的速度骑车前进的时候，就不会出现这种状况，可以轻松愉快地在不知不觉之中掌握平衡。人生犹如骑自行车，(c)失败和低谷期往往不是出现在顺利的行进中，而是出现在停滞不前的时候。

5 (1)・(2)の日本語を中国語に訳し，解答欄に書きなさい。 (20 点)

(1) アスリート及び観客の健康のため，オリンピックを延期せざるを得なくなった。これまで一生懸命に準備に取り組んでいただいた方々や出場が決まっていた選手たち，ボランティアとして活動を予定していた皆さんには，延期に影響されることなく，更なる情熱をもって来年の大会に向けて準備をお願いしたい。

(2) 以前，人がわたしを尊重するのは，自分が優秀だからだと思っていた。しかしその後，人がわたしを尊重するのは，その人が優秀であるからだとだんだん分かってきた。優秀な人であればあるほど，人を尊重することをよく知っているのである。

リスニング （⇨問題 2 頁）

1 600 字程度の 2 つの文章を聞き，内容についての問い 5 問ずつに答えます。ポイントとなる内容を聞き取り，全体の趣旨をつかむ能力を問います。（各 5 点）

解答：(1) ❸　(2) ❷　(3) ❶　(4) ❸　(5) ❷　(6) ❹　(7) ❷　(8) ❷　(9) ❸　(10) ❶

(1)～(5)の中国語

04 从 3 月下旬到 4 月上旬，是日本各地的樱花由南向北，陆续开花的季节，很多中国人在这个时候来日本旅游。

在这段时间里，中国没有连续休息的节假日，来旅游的大部分是不工作的中老年女性和已经退休的人。这些人有充足的时间，也有一定的经济实力。以他们为主的旅游团有三个特点：第一是停留的时间长，游览的景点多。不少团是跟着樱花走，从最南边的冲绳一直游到最北边的北海道。第二是比较重视吃和住，对美食感兴趣，想品尝各种日本料理；对住处也很讲究，到各地都想住比较高级的饭店。第三是赏花兼购物，购买大量的日本商品。有数据显示：中国游客平均每人购物花费 9.6 万日元，是所有来旅游的外国人中最多的。

05 商家们都看好这个机会，提前做好了向中国客人推销商品的准备。以东京秋叶原为首的各地的商业街，家家商店的门前都立着“欢迎光临”、“可以使用中国的信用卡”等招牌。有的商店还总结中国游客的特点，采取了相应的措施。中国游客喜欢一次大量购买同一商品，例如，有的人一次就买 8 台同样的照相机。另外，中国游客还喜欢讲价，经常问：“能不能再便宜点儿？”为此，这些商店增加了相同商品的数量，也灵活地设定了商品的价格。

06 有一家电视台的报道说，中国游客想买化妆品的最多，高达 84%以上。其次是想买家用电器的，占 50%左右。这家电视台分析，这是因为日本的化妆品进口到中国，加上关税以后，比在日本买要贵 150 元到 200 元人民币。日本的电器产品虽然有不少是在中国制造的，但并不在中国国内销售，只有在日本才能买到。

訳：3 月下旬から 4 月上旬は，日本各地の桜の花が南から北に向かって，次々に開花する季節で，多くの中国人がこの季節に日本に旅行に来る。

この時期には，中国には連休となる祝祭日がなく，旅行に来る人のほとんどが仕事をしていない中高年女性やすでに退職した人である。これらの人たちには十分な時間があり，ある程度の経済力もある。彼らを主とする旅行団には次の3つの特徴がある。第1は逗留時間が長く，遊覧する観光地が多いことである。多くの団体が桜とともに移動し，最南端の沖縄から最北端の北海道までを旅行する。第2は食事と宿泊を重視することで，グルメに興味があり，さまざまな日本料理を味わいたいと思っている。宿泊先にもこだわっており，各地に行って高級ホテルに泊まりたいと考えている。第3は花見と買い物を兼ねており，大量の日本の商品を購入することである。あるデータでは，中国人観光客の一人当たりの平均購入額は9万6千円とあり，旅行に来るすべての外国人の中で最も多い。

店の人たちはこの機会を見定め，事前に中国人客に商品を販売する準備を行う。東京の秋葉原を始めとする各地の商店街では，それぞれの店の入り口に「いらっしゃいませ」，「中国のクレジットカードが使えます」などの看板が立ててある。店によってはさらに中国人観光客の特徴をとりまとめ，相応の対策をとっている。例えば一度に8台の同じカメラを買う人がいるように，中国人観光客は同じ商品を一度に大量に購入するのが好きである。そのほかに，彼らは値切るのも好きで，「もっと安くなりませんか」とよく尋ねる。そのため，これらの店では同じ商品の数量を増やし，商品価格を融通性を持たせて設定しているのである。

あるテレビ局の報道によれば，中国人観光客には化粧品を買いたい人が最も多く，84%以上に達している。その次は家電製品を買いたい人で，約50%を占める。このテレビ局は，日本の化粧品が中国に輸入され，関税がかけられたあと，日本で買うよりも人民元で150元から200元高くなり，また日本の電器製品は多くが中国製ではあるが，中国国内で販売されるわけではなく，日本でしか買えないのであるからだと分析している。

07 (1) 問：为什么来赏花的游客大部分都是不工作的人?
　　(なぜ花見に来る観光客のほとんどが仕事をしていない人なのか。)

答：① 因为他们重视吃和住。(彼らは食事と宿泊を重視しているから。)

② 因为他们想买日本的商品。(彼らは日本の品物を買いたいから。)

❸ 因为这个时候中国没有连续休息的节假日。
(この時期に中国には連休となる祝祭日がないから。)

④ 因为这个季节来旅游的人多。(この季節に旅行に来る人が多いから。)

08 (2) 問：为什么中国游客从最南边一直游到最北边？
（なぜ中国人観光客は最南端から最北端までずっと旅行をするのか。）

答：① 因为他们想住各地的高级饭店。
（彼らは各地の高級ホテルに泊まりたいから。）

❷ 因为他们有时间和经济实力。（彼らには時間と経済力があるから。）

③ 因为他们想吃各种美食。（彼らはさまざまなグルメを食べたいから。）

④ 因为他们要买很多东西。（彼らはたくさん買い物をしたいから。）

09 (3) 問：中国游客购物有什么特点？
（中国人旅行客の買い物にはどんな特徴があるのか。）

答：**❶ 花费的金额多。**（遣う金額が多い。）

② 使用中国的信用卡。（中国のクレジットカードを使用する。）

③ 重视是不是日本制造的。（日本製かどうかを重視する。）

④ 只买化妆品和电器产品。（化粧品や電器製品しか買わない。）

10 (4) 問：为什么有的商店灵活地设定了商品价格？
（店によってはなぜ融通性を持たせて商品価格を設定しているのか。）

答：① 因为他们的商品比中国便宜。（彼らの商品が中国より安いから。）

② 因为中国游客喜欢大量购买商品。
（中国人観光客は商品を大量に購入するのが好きだから。）

❸ 因为他们研究了中国游客购物的特点。
（彼らは中国人観光客の買い物の特徴を研究したから。）

④ 因为他们增加了商品的数量。（彼らは商品の数を増やしたから。）

11 (5) 問：与本文内容相符的是以下哪一项？
（本文の内容と一致するものは，次のどれか。）

答：① 旅游团有的去冲绳，有的去北海道。
（旅行団は沖縄に行くのもあれば，北海道に行くのもある。）

❷ 在中国买不到中国制造的日本电器产品。
（中国では中国製の日本の電器製品は買えない。）

③ 中国生产的化妆品比日本的贵。（中国製の化粧品は日本より高い。）

④ 想买家用电器的人比想买化妆品的人多。
（家電製品を買いたい人は化粧品を買いたい人より多い。）

(6)～(10)の中国語

20 很多国家的食品商店都免费给顾客提供透明的薄塑料袋，几乎没有例外。据说，全世界每天要用掉几十亿个这样的塑料袋。

我们在商店里使用塑料袋，数量不受限制，随便用几个都可以，的确是不用付钱。可是它们真是免费的吗？有一句谚语说得好，“天下从来没有免费的午餐”。实际上，人类社会为使用这些塑料袋付出了很大的代价。

21 首先是生产的代价。生产它们的原料是石油和天然气，而这两种资源都是越用越少，不可再生的。在生产的过程中，还产生很多有害的气体，污染空气和环境。其次是使用的代价。购入这些塑料袋是要花钱的。光是美国的食品商店，一年就要为提供塑料袋花费 40 亿美元，而这些钱最终都加到了商品的价格上。从表面上看，顾客使用塑料袋时没有付钱，其实，在商品的价钱里，已经包含了塑料袋的成本。这样看来，不管用不用，每个人在买东
22 西的时候都为塑料袋付了钱。最后是处理的代价。塑料袋使用一次就被扔掉，造成了大量的塑料垃圾。在美国，这样的垃圾每年有 80 亿公斤左右。塑料垃圾和其他垃圾不一样，既不能在短时间内腐烂消失，也不能用火烧掉。日本的研究人员在 2000 年发表的一篇论文中指出，埋在地下的塑料袋大约要过 200 年才能腐烂，需要 1000 年才能完全分解，而它们在分解的过程中变成的小碎片严重地污染土地和海洋。在含有塑料碎片的土地上种植的粮食、蔬菜危害人类的健康；海水里的碎片被鱼类当成食物吃下以后，会导致它们的死亡。

最近，中国政府已经决定，禁止免费给顾客提供塑料袋，下一步还将禁止塑料袋的生产。

訳：多くの国の食料品店はほぼ例外なく，みな無料で客に透明の薄いビニール袋を提供している。世界中で毎日数十億のこのようなビニール袋が使用されているそうだ。

わたしたちが店でビニール袋を使う際に数量の制限はなく，いくら使ってもかまわない，確かにお金を払う必要はない。しかしそれらは本当に無料なのだろうか。ある諺がうまく言っているように，「世の中に無料の昼飯なんてものはない」。実際，人類社会はこのようなビニール袋を使うために大きな代価を支払っているのである。

まず，生産の代価である。それらを作る原料は石油と天然ガスであるが，こ

の2つの資源は使えば使うほど減少し，再生することはできない。生産する過程で，多くの有害なガスも作られ，大気と環境を汚染する。次に，使用する代価である。これらのビニール袋を購入するには金銭が必要である。アメリカの食料品店だけで，ビニール袋を提供するのに1年に40億ドルかかっており，これらの金額は最終的に商品の価格に上乗せされている。表面的には，客はビニール袋を使用するときにお金を払っていないが，実は，商品の価格の中にすでにビニール袋のコストが含まれている。このように見ると，使おうが使うまいが，一人一人が買い物をするときにはビニール袋にお金を払っているのである。最後に，処理の代価である。ビニール袋は一度使うと捨てられ，大量のプラスチックごみを作り出す。アメリカでは，このようなごみが毎年80億キロくらいある。プラスチックごみはそのほかのごみとは異なり，短い期間で腐乱して消えたりすることもないし，焼却することもできない。日本の研究者が2000年に発表した論文では，地中に埋められたビニール袋は約200年かけて腐乱して，完全に分解するには1000年かかり，その分解の過程でできた小さな破片は土壌や海をひどく汚染していることを指摘している。プラスチックの破片を含んだ土地に食糧や野菜を植えると，人類の健康に危害を加え，海中の破片が魚に食物として食べられると，それらを死に至らしめるのである。

最近，中国政府は無料で客にビニール袋を提供することを禁止し，次の段階ではビニール袋の生産も禁止することを決定している。

23 (6) 問：很多国家的食品商店有什么共同的做法?

（多くの国の食料品店にはどんな共通のやり方があるか。）

答：① 每天用几十亿个塑料袋。（毎日数十億枚のビニール袋を使っている。）

② 不免费提供午餐。（昼食を無料で提供しない。）

③ 限制使用塑料袋的数量。（ビニール袋を使用する数を制限している。）

❹ **免费提供塑料袋。**（無料でビニール袋を提供している。）

24 (7) 問：本文所说的不可再生资源是指什么?

（本文中で述べている再生できない資源とは何か。）

答：① 透明的薄塑料袋。（透明の薄いビニール袋。）

❷ **石油和天然气。**（石油と天然ガス。）

③ 含有塑料碎片的土地。（プラスチックの破片を含んだ土地。）

④ 吃了塑料碎片的鱼类。（プラスチックの破片を食べた魚類。）

25 (8) 問：为什么说每个买东西的人都为塑料袋付了钱?

（なぜ買い物をする人はみなビニール袋にお金を払っていると言っているのか。）

答：① 因为生产塑料袋产生了有害的气体。
（ビニール袋を生産する際に有害ガスが生まれたから。）

❷ 因为商品的价格里包含着塑料袋的成本。
（商品の価格にビニール袋のコストが含まれているから。）

③ 因为在含有塑料碎片的土地上种植蔬菜成本很高。
（プラスチック破片を含む土地に野菜を植えるとコストが高いから。）

④ 因为处理用过的塑料袋需要费用。
（使用済みのビニール袋の処理に費用がかかるから。）

26 (9) 問：美国每年产生的塑料垃圾有多少?
（アメリカが毎年産出するプラスチックごみはどれくらいか。）

答：① 40亿公斤左右。（40億キロくらい。）

② 200亿公斤左右。（200億キロくらい。）

❸ 80亿公斤左右。（80億キロくらい。）

④ 1000亿公斤左右。（1000億キロくらい。）

27 (10) 問：与本文内容相符的是以下哪一项?
（本文の内容と一致するものは，次のどれか。）

答：**❶ 为了节省资源，减少污染，最好不提供塑料袋。**（資源を節約し，汚染を減らすためには，ビニール袋を提供しないのが最もよい。）

② 塑料垃圾可以和其他垃圾一起处理。
（プラスチックごみはほかのごみと一緒に処理することができる。）

③ 为了节省资源，减少污染，塑料袋应该多次使用。
（資源を節約し，汚染を減らすために，ビニール袋は何度も使用すべきだ。）

④ 中国已经停止了塑料袋的生产。
（中国はビニール袋の生産をすでに停止した。）

2 500字程度の文章を聞いたあと，指定された5か所の文を漢字で書き取ります。全体の内容を理解しながら，正しく漢字で書く能力を問います。（各10点）

37 世界上没有谁喜欢生病，一提到生病，大家都感到害怕，都认为各种疾病是身体的敌人。(1)<u>其实我们应该换一个角度重新给疾病定位，对它有一个科学的认识。</u>各种疾病都是对我们身体状态的善意的提醒。如果你接受它们的提醒，找到自己的问题并且想办法解决了，这个病就会像客人一样走掉，而不会继续留在你的身体里，你也就恢复了健康。所以，疾病非但不是敌人，反而是朋友，我们应该感谢它们。

38 比如突然变冷，你却没有及时多穿衣服，(2)这时一个叫感冒的朋友就用咳嗽或者头疼的形式来提醒你。如果你仍然不采取措施，它就接着用流鼻涕、发烧的形式提醒你，让你赶快多穿衣服、吃药。再如你吃了不新鲜的或者不
39 卫生的食物，一个叫痢疾的朋友就用胃疼、拉肚子的形式提醒你。有时候，来提醒我们的是一些病的前兆，没有固定的名字。例如有人长期睡眠不足，来提醒他的是眼睛发红、没精打采；(3)有人工作压力大，晚上应酬也多，经常喝酒，来提醒他的是精疲力尽、血压不稳。在这样的情况下，(4)光靠去医院打针吃药是不行的，必须调整自己的作息时间、生活方式和心理状态。

(5)如同大自然有风霜雨雪一样，疾病的出现也是生命进程中难以避免的现象。只要学会和它们和睦相处，就能保证健康。

訳：世の中には病気が好きな人は誰もおらず，病気の話をすると，みんな怖いと感じ，さまざまな病気は体の敵だと考えている。(1)実は，われわれは角度を変えて病気に対して新たに位置づけをし，病気に対して科学的な認識を持たなければならない。さまざまな病気はわれわれの体の状態に対しての善意の忠告である。もしそれらの忠告を受け入れ，自分の問題を見つけると同時に何とかして解決したなら，その病気は客のように立ち去ってしまい，あなたの体に居座るはずはなく，健康な状態に回復する。だから，病気は敵でないばかりでなく，友達であり，病気に感謝しなければならない。

例えば，突然寒くなっても，すぐにたくさん服を着なかったなら，(2)そのとき風邪という友達が咳や頭痛といった形であなたに忠告をする。もしあなたが措置を講じなければ，それは続けて鼻水や発熱といった形であなたに忠告し，すぐにたくさん服を着て，薬を飲むようにさせてくれる。また，新鮮でない，または衛生的でないものを食べると，下痢症という友達が胃痛や腹下しという形であなたに忠告する。時には，わたしたちに忠告に来るのはいくつかの病気の前兆で，決まった名前はない。例えば，ある人が長期的な睡眠不足であれば，忠告に来るのは目の充血や体のだるさといったことである。(3)仕事のプレッシャーが大きく，夜のつきあいも多く，いつも酒を飲んでいるなら，その人に忠告に来るのは心身の極度な疲労や血圧の不安定である。このような状況では，(4)病院に行って注射をしたり薬を飲んだりするだけではだめで，自分の休息時間や生活方式や心理状態を調整しなければならないのである。

(5)大自然に風霜雨雪があるのと同じように，病気の出現もまた生命のプロセ

スの中で避けることができない現象である。それらと仲よくつきあうことさえできれば，健康が保証されるのである。

40 (1) 其实我们应该换一个角度重新给疾病定位，对它有一个科学的认识。

41 (2) 这时一个叫感冒的朋友就用咳嗽或者头疼的形式来提醒你。

42 (3) 有人工作压力大，晚上应酬也多，经常喝酒，来提醒他的是精疲力尽、血压不稳。

43 (4) 光靠去医院打针吃药是不行的，必须调整自己的作息时间、生活方式和心理状态。

44 (5) 如同大自然有风霜雨雪一样，疾病的出现也是生命进程中难以避免的现象。

筆　記 （⇨問題 5 頁）

1 800 字程度の文章を読み，流れをつかんで適当な語句を補う 8 問，正しいピンインを選ぶ 1 問，内容の理解を問う 1 問に答えます。語句の知識と読解力を問います。 （各 2 点）

解答：(1)❸　(2)❸　(3)❸　(4)❹　(5)❹　(6)❶　(7)❷　(8)❷　(9)❶　(10)❸

今年春节是刘晓曼离开家乡，到北京上大学的第一个春节。她早就盼着放假回家，父母也等着她早点儿回去，(1)接连／连续／一连 几天打电话催她先去买火车票。可是，几个高中同学放假后要来北京聚一聚，为此(2)耽搁 dānge 了一个多星期。她去买票回家时，就只剩下无座的票了。

正在她又后悔，又无可奈何，和自己生气的时候，母亲 (3)偏偏 不合时宜地打来电话，问她什么时候到家，声音里充满了期待。刘晓曼没好气儿地吼道："没买到票，不回去了！" 恼火地关上了手机。她拖着行李箱上了车，费了九牛二虎之力总算放好了行李，人却被挤到了车厢的连接处。紧挨 (4)着 她站 (4)着 的是一个农民模样的小伙子，他的衣服很脏，胡子似乎好几天没刮了，显得很疲惫。最不能容忍的是他的身上散发着一股汗味儿，很难闻。刘晓曼皱皱眉头，想往旁边儿挪挪，离开他一点儿。看到刘晓曼一 (5)脸 厌恶的表情，那个小伙子先是一怔，然后拼命向后挤，希望能挤出一点儿空间。可是 (6)哪里 挤得动呢？他不住地说着："对不起"，样子尴尬极了。

这时，小伙子的电话响了，他用一只手挡在嘴边儿，尽量不影响别人。"妈，我上车了，很快就到家了。是卧铺……很舒服，您放心吧！" 刘晓曼听到后心里猛地一动，她 (7)不由得 重新看了看小伙子，才发现他 (8)尽管 穿得有些老气， (8)但 年龄和自己相仿，还有几分帅气。小伙子见刘晓曼愣愣地看着他，显得有些 (9)手足无措 。"你为什么要那么说呢？" 刘晓曼好奇地问。小伙子纯朴地笑着说："儿行千里母担忧，何必让她操心呢？"

刘晓曼突然意识到了什么，赶忙掏出手机拨通母亲的电话："妈，我上车了。嗯，遇到了一个好心的小伙子把票让给了我。对，是卧铺……。" 母亲在电话里笑出了声："是吗？那太好了。你要是能找到一个这样好心的男朋友，妈就更高兴了。" 刘晓曼的脸涨得通红，害羞地笑了。

訳：今年の春節は劉暁曼が故郷を離れて，北京の大学に来てから初めて迎える春節である。彼女は早くから休暇に家に帰るのを待ち望んでいて，両親も彼女が早く帰って来るのを待っており，続けて数日電話をしてきてまず列車の切符を買うようにとせきたてた。しかし，数名の高校の同級生が休暇に入ったら北京に来て集まることになったので，１週間余り延期した。彼女が切符を買って家に帰るときには，もう立ち席しか残っていなかった。

ちょうど彼女が後悔して，どうしようもなく，自分に腹を立てていたとき，間が悪く母親が電話をかけてきて，いつ帰って来るかを尋ね，その声は期待に満ちあふれていた。「切符を買えなかったから，もう帰らないことにしたわ！」劉暁曼は不機嫌そうにどなり，怒って電話を切った。彼女はスーツケースを引きずって列車に乗ると，あらん限りの力をふりしぼってやっとのことで荷物を置いたが，自分は車両の連結部分に押しやられた。彼女にぴったりくっついて立っていたのは農民ふうの若者で，服は汚れ，ひげは何日もそっていないようで，とても疲れている様子だった。最も我慢できないのは，彼の体から発せられる汗のにおいで，とても臭かった。劉暁曼は眉をひそめ，脇に移動して，彼から離れようとした。劉暁曼が嫌な顔をしたのを見て，その若者は最初ぽかんとしていたが，その後懸命に奥に詰めて，空間を作ろうとした。しかし，どうして動くことができるだろうか。彼はしきりに「すみません」と言って，とてもばつが悪い様子であった。

このとき，若者の電話が鳴り，彼はできるだけ人に迷惑をかけないように，片手で口を覆った。「お母さん，列車に乗ったから，すぐに家に着くよ。寝台さ……快適だから，心配しないで！」劉暁曼はそれを聞いてドキッとして，思わずもう一度彼を見ると，彼は少し地味な服装をしているが，歳は自分と同じくらいで，あか抜けていた。若者は劉暁曼が自分をぼんやり見ているのを見ると，どうしてよいか分からない様子であった。「どうしてああいうふうに言ったの？」劉暁曼は不思議そうに尋ねた。若者は純朴そうに笑って言った。「子が遠くに行けば，母親の心配は絶えない，なにも母に心配させることはないじゃないか」

劉暁曼は突然何かを悟って，急いで携帯電話を取り出し母親に電話をかけた。「お母さん，列車に乗ったわ。うん，優しい若い人が切符を譲ってくれたの。そう，寝台の……」母親は電話口で笑って言った。「そうなの？それはよかったわ。もしそんな優しいボーイフレンドができたら，お母さんはもっとうれしいわ」劉暁曼は顔を真っ赤にして，恥ずかしそうに笑った。

(1) 空欄補充（不適当）

① 接连 liánjiē　② 连续 liánxù　❸ 陆续 lùxù　④ 一连 yìlián

①は「引き続き」，②は「続けて」，④は「続けざまに」という意味です。③は「絶え間なく続いて」の意味で使われるので，適当ではありません。よって③が正解です。

(2) ピンイン表記

① dǎnge　② dǎngē　❸ dānge　④ dāngē

“耽搁” は「引き延ばす」という意味の動詞です。

(3) 空欄補充

① 刚刚 gānggāng　② 仅仅 jǐnjǐn　❸ 偏偏 piānpiān　④ 屡屡 lǚlǚ

「あいにく」という意味の③が正解です。①は「…したばかり」，②は「わずかに…だけ」，④は「たびたび」という意味です。

(4) 空欄補充

① 了 le　② 地 de　③ 得 de　❹ 着 zhe

前の空欄には後続の動詞の方式・手段を表す「…して」，後の空欄には動作の持続を表す「…しながら / したまま」という意味の助詞 “着” が入るので，④が正解です。①は動作の完了を表す，②は動詞・形容詞の修飾語を作る，③は結果・程度を表す補語を導く助詞です。

(5) 空欄補充

① 面 miàn　② 张 zhāng　③ 片 piàn　❹ 脸 liǎn

「顔」という意味の④が正解で，“一脸” で「顔いっぱいに」という意味になります。①は「平たいもの」，②は「口や顔」，③は「面積・範囲の広いもの」を数える量詞です。

(6) 空欄補充

❶ 哪里 nǎli　② 怎么样 zěnmeyàng

③ 为什么 wèi shénme　④ 哪怕 nǎpà

「どうして…でありえようか」という意味の①が正解です。②は「どうであるか」，③は「なぜ，どうして」，④は「たとえ…でも」という意味です。

(7) 空欄補充

① 恨不得 hènbude
❷ 不由得 bùyóude
③ 不见得 bújiànde
④ 巴不得 bābudé

文の流れから，「思わず」という意味の②が正解です。①は「…できないのが残念だ」，③は「…とは限らない」，④は「ぜひとも…したい」という意味です。

(8) 空欄補充

① 即使…也… jíshǐ… yě…
❷ 尽管…但… jǐnguǎn… dàn…
③ 既然…就… jìrán… jiù…
④ 就算…又… jiùsuàn… yòu…

文の流れから，「…だけれども…」という逆接の意味の②が正解です。①は「たとえ…としても…」という仮定，③は「…である以上…」という前提と結果，④は「たとえ…でも…」という仮定の譲歩の意味です。

(9) 空欄補充

❶ 手足无措 shǒuzú-wúcuò
② 笨手笨脚 bènshǒu-bènjiǎo
③ 措手不及 cuòshǒu-bùjí
④ 七手八脚 qīshǒu-bājiǎo

四字熟語の問題です。「どうしてよいか分からない」という意味の①が正解です。②は「動作がもたもたしている」，③は「処置が間に合わない」，④は「多くの人が寄ってたかって」という意味です。

(10) 内容の一致

① 刘晓曼提前一个多星期去买票，也没买到有座位的票。（劉暁曼は1週間余り前に切符を買いに行ったが，指定席の切符が買えなかった。）

② 小伙子给刘晓曼挤出了一点儿空间。
（若者が劉暁曼のために少し空間を作ってあげた。）

❸ 小伙子的言行影响了刘晓曼。（若者の言動は劉暁曼に影響を与えた。）

④ 刘晓曼的妈妈以为小伙子是她的男朋友。
（劉暁曼の母親は若者が彼女のボーイフレンドだと思った。）

第3段落に“刘晓曼听到后心里猛地一动”とあり，そのあとに劉暁曼が若者の言動に影響を受けた様子が記されているので，③が正解です。

①は第1段落に“为此耽搁了一个多星期。她去买票回家时，就剩下无座的票了”とあることから，②は第2段落に“那个小伙子先是一怔，然后拼命向后挤，希望能挤出一点儿空间。可是哪里挤得动呢？”とあることから，④は第4段落で“你要是能找到一个这样好心的男朋友，妈就更高兴了”とあり，母親がその若者が彼女のボーフレンドとは思っていないことから，本文の内容とは一致しません。

2 適当な語句を補います。読解力と語句の知識を問います。 （各2点）

解答：(1) ❶ (2) ❹ (3) ❷ (4) ❹ (5) ❸ (6) ❷ (7) ❷ (8) ❶ (9) ❹ (10) ❸

(1) 夏天的傍晚，附近的人都坐在湖边（ 乘凉 ）。
（夏の夕方，近くの人はみな湖のほとりに座って涼をとる。）

❶ 乘凉 chéngliáng　② 接风 jiēfēng
③ 着凉 zháoliáng　④ 兜风 dōufēng

「涼をとる」という意味の①が正解です。②は「遠来の客をもてなす」，③は「風邪をひく」，④は「ドライブをする」という意味です。

(2) 我（ 三番五次 ）地反复劝他不要去冒险，他就是不听。（わたしは彼が危険を冒さないよう何度も忠告したが，彼はどうしても聞こうとしない。）

① 三三两两 sānsān-liǎngliǎng　② 三心二意 sānxīn-èryì
③ 三言两语 sānyán-liǎngyǔ　❹ 三番五次 sānfān-wǔcì

四字熟語の問題です。「再三再四」という意味の④が正解です。①は「三々五々」，②は「あれこれと心が迷う」，③は「二言三言」という意味です。

(3) 前面来了一（ 帮 ）边走边唱的小朋友。
（前から一群れの歩きながら歌っている子どもたちがやって来た。）

① 堆 duī　❷ 帮 bāng　③ 团 tuán　④ 批 pī

量詞を選ぶ問題です。群れ，集団を数える場合に用いる②が正解です。①は積み重なったもの，③は一塊になったもの，④はある基準で分けたまとまった数量のものや人を数える量詞です。

(4) 市政府正在（ 征集 ）国际足球比赛的志愿者，可以在网上报名。

（市ではちょうど国際サッカー試合のボランティアを募っており，インターネットで応募できる。）

① 聚集 jùjí　② 汇集 huìjí　③ 群集 qúnjí　❹ 征集 zhēngjí

「広く募る」という意味の④が正解です。①と②は「集まる，集める」，③は「群がる」という意味です。

(5) 本课程是（ 面向 ）大学本科心理学专业学生的实习课。
（本課程は大学本科の心理学専攻の学生のための実習科目である。）

① 面谈 miàntán　② 面对 miànduì
❸ 面向 miànxiàng　④ 面临 miànlín

「…のために提供する，…に目を向ける」という意味の③が正解です。①は「直接会って話す」，②は「向かい合う」，④は「直面する」という意味です。

(6) 各级政府要简化手续，提供方便，为留学生回国就业（ 开绿灯 ）。
（各行政機関は手続きを簡素化し，便宜を図り，留学生の帰国・就職にゴーサインを出さなければならない。）

① 开夜车 kāi yèchē　❷ 开绿灯 kāi lǜdēng
③ 走后门 zǒu hòumén　④ 闯红灯 chuǎng hóngdēng

「ゴーサインを出す」という意味の②が正解です。①は「夜なべする」，③は「裏取引をする」，④は「赤信号を無視する」という意味です。

(7) 这个词没有“祝贺”的意思,用在结婚贺词里不（ 恰当 ）。（この語は「祝福する」という意味はないので，結婚の祝辞に使うのは適当ではない。）

① 恰巧 qiàqiǎo　❷ 恰当 qiàdàng　③ 巧合 qiǎohé　④ 顺当 shùndang

「適当である」という意味の②が正解です。①は「ちょうどよく」，③は「うまく合致する」，④は「順調である」という意味です。

(8) 他是新闻专业的毕业生，有很多在电视台、报社等（ 媒体 ）工作的老同学。（彼はジャーナリズム専攻の卒業生で，テレビ局や新聞社などのメディアで働く昔の同級生がたくさんいる。）

❶ 媒体 méitǐ　② 语体 yǔtǐ　③ 群体 qúntǐ　④ 载体 zàitǐ

「メディア」という意味の①が正解です。②は「文体」，③は「共通するものの集まり，グループ」，④は「担体，キャリアー」という意味です。

(9) 王萍迟到了，她轻轻地走进教室，在同学们的面前（ 悄悄 ）地对老师说："对不起！"（王萍は遅刻して，そっと教室に入ると，クラスメートらの前でこっそりと先生に「すみません」と言った。）

① 暗暗 ànàn　② 明明 míngmíng　③ 默默 mòmò　❹ 悄悄 qiāoqiāo

「（他人が聞こえないように）こっそり」という意味の④が正解です。①は「（表に現さないように）ひそかに」，②は「明らかに」，③は「黙って」という意味です。

(10) 在世界气象大会上，与会者（ 围绕 ）气候变暖的问题展开了讨论。
（世界気象大会において，出席者は温暖化の問題を巡って討論を繰り広げた。）

① 环绕 huánrào　② 缠绕 chánrào　❸ 围绕 wéirào　④ 围拢 wéilǒng

「（ある問題を）中心とする」という意味の③が正解です。①は「取り巻く」，②は「まとわりつく」，④は「ぐるりと取り囲む」という意味です。

3 正しく解釈した文を選びます。語句の意味についての知識を問います。（各2点）

解答：(1)❹　(2)❸　(3)❶　(4)❷　(5)❸　(6)❶　(7)❹　(8)❸

(1) 发生脱轨事故之后，铁路局分析原因，举一反三，采取措施，避免了类似事故的发生。（脱線事故が起こったあと，鉄道局は原因を分析し，1つの事から多くの事を類推して，措置を講じ，類似の事故の発生を防止した。）

① 列举一个例子说明三件事。（1つの例を挙げて3つの事を説明する。）

② 通过三件事说明一件事。（3つの事を通して1つの事を説明する。）

③ 列举异类的例子类推一件事。
（異なる類の例を挙げて1つの事を類推する。）

❹ **从一件事类推更多的事。**（1つの事からより多くの事を類推する。）

"举一反三"は「1つの事からより多くの事を類推する」という意味ですから，④が正解です。

(2) 小陈夫妇在涨价的前一天挤上了末班车，用原来的定价买了一辆一直想买的吉普车。（陳さん夫婦は値上がりする前日最後のチャンスに駆け込み，元の値段でずっと買いたかったジープを購入した。）

① 剩下的一台汽车。(残りの一台の車。)
② 后面的一辆汽车。(後ろの車。)
❸ 最后的机会。(最後のチャンス。)
④ 唯一的机会。(唯一のチャンス。)

原義は「最終電車」の意ですが，この場合の“末班车”は「最後のチャンス」ということのたとえですから，③が正解です。

(3) 这些暴徒的行为已到了肆无忌惮的地步。
(この悪人たちの行為はすでにしたい放題ではばかるところがない。)
❶ 任意妄为，没有顾虑。(勝手にふるまって，何らはばかるところがない。)
② 花钱、用东西没有节制。(金や物を浪費する。)
③ 骄傲自大，看不起别人。(傲慢でうぬぼれが強く，人を見下している。)
④ 高兴得控制不住自己。(うれしくて自分を押さえられない。)

“肆无忌惮”は「勝手気ままに悪事を働き，何も恐れない」という意味ですから，①が正解です。

(4) 徐兰亭在国外大学学的是哲学，研究佛教史以后才改行画画儿，是一位半路出家的画家。(徐蘭亭が海外の大学で学んだのは哲学で，仏教史を研究したあとに絵描きにくら替えをし，途中からその道に入った画家である。)
① 年轻时离开家乡。(若いころに故郷を離れる。)
❷ 中途开始新的工作。(途中から新しい仕事を始める。)
③ 辞掉工作去寺庙当和尚。(仕事を辞め寺に行って僧侶になる。)
④ 经常变换工作。(しょっちゅう仕事を換える。)

“半路出家”は「途中からくら替えする」という意味ですから，②が正解です。

(5) 那国政府虽然同意降低纺织品的关税，但没设定实施的日期，实际上是开了一张空头支票。
(その国の政府は織物の関税を下げることに同意したが，実行する日にちをはっきり設けておらず，実際には空手形を切っているにすぎなかった。)
① 没写金额的支票。(金額を書いていない小切手。)
② 可以任意填写的支票。(好きなように金額を書き込める小切手。)
❸ 不想或不能实现的诺言。(実行したくない，またはできない約束。)

④ 内容不具体、时间不明的诺言。
（内容は具体的でなく，時間がはっきりしない約束。）

“空头支票”は「空手形」という意味で「実行を伴わない約束」を表しますので，③が正解です。

⑹ 这些年来，海水养殖的试验总是一波未平，一波又起，进行得不太顺利。
（ここ数年，海水養殖の試験はいつも次から次へと問題が起こり，あまり順調に進んでいない。）

❶ 比喻旧问题还没解决，又出现新问题。
（問題が片づかないうちに，さらに次の問題が持ち上がるたとえ。）

② 比喻一个接一个地解决问题。（1つずつ問題が解決されるたとえ。）

③ 比喻刚解决了旧问题，又出现新问题。
（問題を解決したとたん，新しい問題が現れるたとえ。）

④ 比喻没解决旧问题，解决了新问题。
（古い問題が未解決のままで，新しい問題が解決されたたとえ。）

“一波未平，一波又起”は「1つの問題がまだ解決しないうちに，また別の問題が発生する」という意味ですから，①が正解です。

⑺ 为了多盈利，这家超市不管三七二十一，对所有的农产品，都贴上了“无农药”的标签销售，受到了有关部门的处罚。
（多くの利潤を得るために，このスーパーは一切を顧みず，すべての農産品に「無農薬」のラベルを貼って販売したので，関係部署の処罰を受けた。）

① 不考虑成本。（原価を考慮しない。）

② 不在乎价格。（価格を気にしない。）

③ 不重视数量。（数を重視しない。）

❹ 不顾一切。（一切を顧みない。）

“不管三七二十一”は「委細かまわず，むちゃくちゃに（する）」という意味ですから，④が正解です。

⑻ 由于自己的疏忽给公司造成了这么大的损失，我十分内疚。
（自分の不注意で会社にこんなに大きな損害を与えてしまったので，わたしはとても後ろめたく思っている。）

① 对自己的言行不满。（自分の言動に不満である。）

② 心里不能原谅别人的错误。(心の中で他人の間違いを許せない。)

❸ 心里感到惭愧不安。(心の中で恥ずかしく落ち着かない。)

④ 因苦恼而得了心理疾病。(苦しんで心の病を患った。)

“内疚”は「気がとがめる，後ろめたく思う」という意味ですから，③が正解です。

4 **600字程度の文章を読み，2か所のピンインを漢字に改め，3つの文を日本語に訳します。全体の内容を理解しながら，正しく漢字で書く能力，日本語の翻訳力を問います。** ((1)(ア)(イ)各2点，(2)(a)(c)各7点，(b)6点)

在不会骑自行车的人看来，能骑着车随心所欲地到处游走很了不起，可是会骑自行车的人都知道，那其实并不需要多少技能，就像平时走路一样，自自然然，简简单单。当然，万事开头难，开始学的时候并不容易。

我刚学骑车时，父亲总是在后面扶着自行车，所以我学得很快，骑得挺安稳。可有一次，我一回头，发现父亲并没有扶自行车，好像只是在看着。(a)我顿时惊慌失措，连人带车一起歪倒在地，摔得甚是惨重。我(ア)**bàoyuàn** 抱怨父亲说：“您为什么要松手？”父亲说：“其实你已经会骑自行车了，这几次我都只是在后面做做样子，并没有扶。”我问父亲：“我要是已经会骑了，怎么会从自行车上摔下来呢？”父亲说：“那是因为你发现我没有扶，心里就紧张和害怕起来。(b)是害怕和紧张使你稳不住神，慌了手脚而跌倒的。”(イ)**Yóucǐ-kějiàn** 由此可见，刚学骑自行车的人之所以常常从自行车上摔下来，原因不只在技术上，更多的是因为有一种畏惧的心理，畏惧使人失去了自信。

另外，骑车的人都有这样的体验：想让车静止不动，则很难控制住自行车的平衡；但保持一定的速度骑车前进的时候，就不会出现这种状况，可以轻松愉快地在不知不觉之中掌握平衡。人生犹如骑自行车，(c)失败和低谷期往往不是出现在顺利的行进中，而是出现在停滞不前的时候。

訳：自転車に乗れない人にとっては，自転車に乗って行きたい所にどこでも行けるのはとてもすごいことだ。しかし，自転車に乗れる人は，実際には大した技能は必要ではなく，普段歩くのと同じように，ごく自然で，ごく簡単であることを知っている。もちろんすべては最初が難しく，初めて学ぶときはそれほど簡単ではない。

わたしが自転車に乗るのを学び始めたばかりのとき，父がいつも後ろで自転車を支えてくれたので，学ぶのが速く，うまく乗れた。しかしあるとき，振り向いてみると，父が自転車を支えておらず，見ているだけのようであることに気付いた。(a)わたしは急に驚き慌てて，自転車と一緒に傾いて地面に倒れ，ひどく転んでしまった。わたしは父を恨んで言った。「何で手を放したの」父は言った。「お前はもう自転車に乗れるんだよ。何回か後ろで様子を見ているだけで，支えてはいなかったんだ」わたしは父に尋ねた。「もう乗れるなら，自転車から落ちるはずはないんじゃないの？」父は言った。「それはお父さんが支えていないのにお前が気付いて，緊張して怖くなったからだよ。(b)恐怖と緊張で落ち着かず，慌ててしまって転んだんだ」このことから，自転車に乗るのを学び始めた人が何度も自転車から転げ落ちる原因は，技術的なことではなく，多くの場合，ある種の怖いという心理であることが分かる。恐怖が人に自信を失わせるのである。

そのほかに，自転車に乗る人はみな次のような体験がある。自転車を静止させようと思ったら，自転車を平衡に保つことが難しいが，自転車を一定の速度で前進させるときには，そのような状況は生まれず，ゆったりと楽しく知らず知らずのうちに平衡を保つことができる。人生は自転車に乗っているときのように，(c)失敗や低迷期は往々にして順調に進んでいるときではなく，停滞して前に進まないときに現れるのである。

(ア)・(イ)，(a)〜(c)上記を参照

(ア)は「恨み言を言う」，(イ)は「このことから（…が）分かる」という意味です。

(a)“惊慌失错”は「驚き慌てて度を失う」という意味で，“连…带…”は「…と…を合わせて」，“歪”は「傾く」という意味です。“倒”“摔”はどちらも「倒れる，転ぶ」。“惨重”は「(損失が）きわめて大きい」という意味で，ここでは程度副詞となっています。

(b)“害怕”は「恐れる」，“紧张”は「緊張する」という意味で，“使”以下は「…に…させる」という使役構造になっています。“稳住神”は「気を静める，落ち着かせる」という意味で，“稳不住神”は可能補語の否定形で，不可能を表す表現です。“慌”は後に“手脚”などの語を伴い，“慌了手脚”で「慌ててまごまごしてしまう」という意味で，“跌倒”は「つまずいて転ぶ」という意味です。

(c)“低谷期”は「低迷期」，“顺利”は「順調である」という意味です。“不是…而是…”は「…ではなく…である」という構造で，“停滞不前”は「停滞して前に進まない」という意味です。

5 100字程度の日本語の文章2題を中国語に訳します。会話，手紙，論説などの少しまとまった長さの文章を組み立てる能力を問います。　（各10点）

⑴ アスリート及び観客の健康のため，オリンピックを延期せざるを得なくなった。これまで一生懸命に準備に取り組んでいただいた方々や出場が決まっていた選手たち，ボランティアとして活動を予定していた皆さんには，延期に影響されることなく，更なる情熱をもって来年の大会に向けて準備をお願いしたい。

为了运动员和观众的健康，奥运会不得不延期了。希望一直努力进行筹备工作的各位、决定参加比赛的选手们、预定作为志愿者参加各种活动的各位，不受延期的影响，更加热情地准备明年的大会。

「アスリート」は“运动员”,「オリンピック」は“奥运会”で,「…せざるを得ない」という表現は“不得不…”を用います。「一生懸命」は“努力”,「準備」は“筹备”“准备”で,「方々」「皆さん」は“各位”を用います。また「ボランティア」は“志愿者”,「情熱をもって」は“热情”,「…をお願いしたい」という表現は“希望…”などを用います。

⑵ 以前，人がわたしを尊重するのは，自分が優秀だからだと思っていた。しかしその後，人がわたしを尊重するのは，その人が優秀であるからだとだんだん分かってきた。優秀な人であればあるほど，人を尊重することをよく知っているのである。

以前我以为别人尊重我，是因为我优秀。但是，后来我渐渐地明白了，别人尊重我，是因为别人优秀。越是优秀的人越懂得尊重别人。

「…なのは…だからだ」は“…，是因为…”と表現します。「だんだん」は“渐渐地”,「人」は「他人」という意味の“别人”を用います。「…であればあるほど…」という表現は“越…越…”を用います。

準1級第101回
(2020年11月)

問　題

リスニング……………………………………34
筆　記…………………………………………37

解答時間：計120分

配点：リスニング100点，筆記100点

解答と解説

リスニング……………………………………44
筆　記…………………………………………52

リスニング

（⇨解答と解説44頁）

03 **1** 中国語を聞き，(1)～(10)の問いの答えとして最も適当なものを，①～④の中から１つ選びなさい。 (50 点)

メモ欄

04

12

05

13

06

14

07 (1)

15 ① ② ③ ④

08 (2)

16 ① ② ③ ④

09 (3)

17 ① ② ③ ④

10 (4)

18 ① ② ③ ④

11 (5)

19 ① ② ③ ④

20
28
メモ欄

21
29

22
30

23 (6)
31 ① ② ③ ④

24 (7)
32 ① ② ③ ④

25 (8)
33 ① ② ③ ④

26 (9)
34 ① ② ③ ④

27 (10)
35 ① ② ③ ④

36 **2** 中国語を聞き，その中から指定された5か所を漢字で書き取りなさい。 (50点)

37

45

メモ欄

38

46

39

47

40

41

42

43

44

筆　記 （⇨解答と解説52頁）

1 次の文章を読み，(1)～(10)の問いの答えとして最も適当なものを，①～④の中から1つ選びなさい。　(20点)

有一个人从小很穷，经过多年的[　(1)　]终于成了拥有数十亿美元的企业家。开心之余他也为如何保住自己的巨额财富而焦虑。于是他开始大量阅读、苦心钻研，想了解那些曾经有钱的失败者是如何变穷的。他本以为花天酒地、[　(2)　]是那些人失败的主要原因。后来他发现事实并非如此，因为[　(3)　]、奢侈总有个限度，到了一定程度便会适可而止。正如山珍海味吃多了，你就会[　(4)　]粗茶淡饭一样。所以有钱人的[　(5)　]跟声色犬马、纸醉金迷没有直接关系。那些富豪即使什么也不干，也不会穷到哪儿去。那么，究竟是什么原因导致了有钱人的失败呢？赌博、吸毒、错误的投资决策，正是这些非常低级的错误导致了他们最终的破产。一些[　(6)　]的有钱人，以极其愚蠢的方式将手中的一把好牌打烂，最后不得不离开牌桌，退出角逐场。

一位作家说过这样一句话：人活着就是一件很郁闷的事，无论你是成就非凡，还是一事无成，你都会觉得很郁闷，永远没有(7)酣畅淋漓的时候。而且这种郁闷天天[　(8)　]着你，让你不胜其烦。说起来，这种郁闷就是一种常态，你必须学会接受并与之和平共处，千万不要因为烦它就通过干一些傻事来逃避。

总有一些年轻人说自己很[　(9)　]，不知该干点儿什么好。其实，干什么真的不重要，不干什么才重要，尤其是不干傻事最重要。什么是傻事？那些你明知道会带来坏处还偏要做的都可以称之为傻事，比如赌博、吸毒、酗酒、熬夜等等。能够避开这些直击人性弱点的诱惑，你就领先于大多数人了。

赢得人生的马拉松，不在于你开始跑得有多快，而在于漫漫的赛程中你始终没有被傻事绊倒。

(1) 空欄(1)を埋めるのに適当なものはどれか。

①打点　②打拼　③打造　④打探

⑵ 空欄⑵を埋めるのに**<u>適当でないもの</u>**はどれか。

① 骄奢淫逸　② 贪图享受　③ 穷奢极欲　④ 清心寡欲

⑶ 空欄⑶を埋めるのに適当なものはどれか。

① 挥洒　② 挥舞　③ 挥霍　④ 挥师

⑷ 空欄⑷を埋めるのに適当なものはどれか。

① 掂量　② 惦记　③ 酌量　④ 斟酌

⑸ 空欄⑸を埋めるのに適当なものはどれか。

① 败坏　② 败落　③ 败类　④ 败兴

⑹ 空欄⑹を埋めるのに適当なものはどれか。

① 不置可否　② 不厌其烦　③ 不名一文　④ 不甘寂寞

⑺ 下線部⑺の正しいピンイン表記はどれか。

① hānchàng　② gānyáng　③ hànchǎng　④ gānchàng

⑻ 空欄⑻を埋めるのに適当なものはどれか。

① 随身　② 伙伴　③ 伴随　④ 同伙

⑼ 空欄⑼を埋めるのに適当なものはどれか。

① 迷梦　② 迷茫　③ 迷醉　④ 迷途

⑽ 本文の内容と一致するものはどれか。

① 曾经的富豪之所以回归穷困无外乎过于奢靡。

② 事实证明，越是富有的人越容易犯低级错误。

③ 无论是谁，只要活在世上就有烦恼相伴终生。

④ 赢在起跑线上是一个人取得成功的不二法宝。

2 ⑴～⑽の中国語の空欄を埋めるのに最も適当なものを，①～④の中から1つ選びなさい。 (20点)

⑴ 我听说她经常为一点儿小事情跟丈夫（　　　）。

① 打气　② 怒气　③ 赌气　④ 泄气

⑵ 在大家的一片指责声中，那家伙只好（　　　）地逃走了。

① 灰溜溜　② 兴冲冲　③ 干巴巴　④ 乱哄哄

⑶ 别以为他是那种（　　　）的人，其实他对很多事情看得很透。

① 莫须有　② 没心机　③ 不倒翁　④ 无名火

⑷ 那些流氓把警察局长当成（　　　），在当地横行一时。

① 护身符　② 马前卒　③ 门外汉　④ 肉中刺

⑸ 不知为什么，进公司五年了，他在老板那儿还是那么（　　　）。

① 不由自主　② 不折不扣　③ 水土不服　④ 不受待见

⑹ 一向爱说爱笑的小李，怎么突然变得（　　　）起来了呢？

① 活泼　② 开朗　③ 矜持　④ 泼辣

⑺ 几个年轻人（　　　）就把这间旧房子收拾得干干净净的。

① 不管三七二十一　② 一退六二五

③ 二一添作五　④ 三下五除二

⑻ 我觉得这篇文章有（　　　）英灵之嫌，应当予以批判。

① 猥琐　② 亵渎　③ 龌龊　④ 怯懦

⑼ 我相信不论犯罪分子多么狡猾，总有一天会（　　　）的。

① 马后炮　② 露一手　③ 抱佛脚　④ 露马脚

⑽ 两个人（　　　）地谈了半天，终于消除了误会，和好如初了。

① 信口开河　② 推心置腹　③ 不知所云　④ 连篇累牍

3 (1)～(8)の中国語の下線部の説明として最も適当なものを，①～④の中から１つ選びなさい。 (16点)

(1) 说句老实话，我对这个东西还真吃不准。

① 指的是对某事物不感兴趣。

② 指的是某种食品不合口味。

③ 指的是搞不清事物的本质。

④ 指的是从未尝过某种食物。

(2) 这部小说的特点是人物关系盘根错节，故事情节扑朔迷离。

① 事情错综复杂，很难看清真相。

② 彻底脱离现实，令人难以置信。

③ 十分精彩迷人，让人难舍难离。

④ 古老而又神秘，使人非常难忘。

(3) 一向风度翩翩的刘先生，今天怎么这么狼狈。

① 形容人的学识十分渊博。

② 形容人的衣着高贵华丽。

③ 形容人的语言风趣幽默。

④ 形容人的举止文雅优美。

(4) 我劝你在这件事上还是睁一只眼，闭一只眼吧。

① 比喻对人或事的态度是迁就忍让。

② 比喻对人或事的态度是人云亦云。

③ 比喻对人或事的态度是偏听偏信。

④ 比喻对人或事的态度是顺其自然。

(5) 他恨不得将自己的所有技能都传给自己的徒弟。

① 对某件事的发生感到遗憾。

② 很不希望看到某件事发生。

③ 对某件事怀有迫切的希望。

④ 非常勉强地从事某项工作。

(6) 认识小张的人都知道他是一个爱抬杠的人。

① 与别人争辩。

② 跟别人合作。

③ 为别人帮忙。

④ 替别人受苦。

(7) 他没想到这样做的结果是赔了夫人又折兵。

① 本想占便宜，却遭受了双重损失。

② 意外得到了比预想大得多的收获。

③ 尽管有些损失，但也有不少收获。

④ 不该泄露的秘密被所有人知道了。

(8) 就在大家一筹莫展的时候，小王的提案令所有人眼前一亮。

① 各种意见混杂难以统一。

② 一句安慰话也说不出来。

③ 一点儿办法也想不出来。

④ 因受到打击而情绪低落。

4 次の文章を読み，ピンイン表記の(ア)・(イ)を漢字（簡体字）に改め，下線部(a)〜(c)を日本語に訳しなさい。 （24 点）

我们都有过被伤害的经历，面对伤害，我们该怎样应对呢？直接反击吗？也许这会让我们自己面临很大的道德焦虑；等对方一句道歉，然后息事宁人吗？这也许又会令我们的内心很不平衡。

有个人在听了朋友的道歉后，说了一句话：“你可以向我道歉，但我可以选择不原谅你。如果你不是真心诚意地觉得自己错了，那么我当然也不会原谅你。因为从来没有一项规定说，道歉了就该得到原谅。”

这句话也许说出了很多人的心声，凭什么你道歉了我就要原谅你？(a)其实，道歉这件事说起来很简单，上下嘴唇一碰，一句轻飘飘的“对不起”就可以脱口而出。但有的时候，这句“对不起”里却满含着对对方的控制。

知错后道歉似乎是一件被社会规范所赞扬的事情，但是，从另一个角度来看，道歉也有(ア) zǔ’ài 对方表达意愿的作用。不管道歉者当时是否意识到了这一点，(b)这种行为总是包含着一个潜台词，那就是既然我已经道歉了，你就应该原谅我，否则你就是一个没有气量的人。也正是这句潜台词让接受道歉者失去了表达真实感受的机会。

《论语》中有这样的记载，当孔子被弟子问到如何对待曾伤害过自己的人时，孔子直言，应该以适当的惩罚回应伤害。

是啊，总是包容伤害我们的人，是不是对善待我们的人的不公平呢？一个人犯了错而没有予以相应的惩罚，实际上是在(イ) zòngróng 其继续犯错。(c)就连崇尚无为的老子都说，一味地以德报怨不是妥善的做法。从某个角度来说，以直报怨才是真正的与人为善。

5 (1)・(2)の日本語を中国語に訳しなさい。 (20点)

(1) 大学を中退し，安定した職業に就けず，奨学金の返済ができなくなる「中退難民」が相次いでいる。中退すると，学業の機会が閉ざされるだけでなく，就職もより厳しくなり，多額の奨学金の返済だけが残る。

(2) 中国では，最新の技術を生かしたサービス無人化の実験が進んでいる。無人コンビニは，その一つである。利用者はスマホをかざして入店し，店内のカメラが客の選んだ商品の金額を計算する。支払いは，店を出るときにスマホ経由で行う。

リスニング （⇨問題34頁）

1 600字程度の2つの文章を聞き，内容についての問い5問ずつに答えます。ポイントとなる内容を聞き取り，全体の趣旨をつかむ能力を問います。（各5点）

解答：(1)❶　(2)❷　(3)❸　(4)❹　(5)❹　(6)❸　(7)❶　(8)❶　(9)❷　(10)❶

(1)～(5)の中国語

04　人为什么工作？最常见的回答是："为了挣钱"。很多人并不认为工作是件有意义的事，他们仅仅把工作当成一种谋生的手段，盼着早点儿下班，好让自己把时间花在更重要的事情上。

传统观念认为，普通人对工作抱有本能的排斥心理，他们对工作总是被动地应付、逃避。因此，管理者必须采用高压手段和惩罚措施迫使员工就范。但现代管理学所提倡的则是截然不同的理论，那就是让员工发现工作的意义。

05　研究发现，人们只有认识到自己工作的不凡价值，才会感到为之努力的职业生涯是充实的。一旦员工发现了工作的意义，他们的使命感便会油然而生。遗憾的是，并非所有人都能明白这一点。时至今日，依然有不少管理者认为"钱是激发员工最大潜能的不二法宝"。

某些工作的重要性是显而易见的。比如，没有人会怀疑救死扶伤的医护工作或能改变人们生活的科技开发是否有价值，更不会有人觉得保卫国家安全的军人和维护社会治安的警察可有可无。但面对那些简单重复的体力劳动或服务行业就未必如此了。

06　其实那些看似繁重又无趣的工作也各有价值。比如，一位保洁员在一家酒店里工作了十几年。她每天的工作就是换床单、叠被子、打扫厕所。别人眼里的简单、无聊的工作，她却始终乐在其中。在她看来，能为那些离家在外的客人提供温暖舒适的休息环境，是一件很有意义的事。

訳：人はどうして働くのだろうか。最もよくある答えは，「お金を稼ぐため」である。多くの人は働くことが意義のあることだなどとは考えてはいない。彼らは仕事をただの生計を立てる手立てと見なし，もっと重要な事に時間を使えるよう，早く退勤することを望んでいる。

伝統的な考え方では，普通の人は仕事に対して本能的に拒む心理を持っており，彼らはいつも仕事を受動的に処理し，避けると考えられている。したがって，管理者は必ず高圧的な手段と懲罰措置によって従業員を服従させざるをえない。しかし，現代マネージメント学が提唱するのは全く異なる理論だ。それは従業員に仕事の意義を気付かせるというものである。

研究結果によると，人々は自分の仕事に非凡な価値があることに気付かなければ，この仕事のために努力する職業人生が充実したものであると感じることができない。いったん，従業員が仕事の意義を見つければ，彼らの使命感は自然と生まれてくる。だが残念ながら，すべての人がこれを理解しているわけではない。現在でも，多くの管理者が「お金は従業員の潜在能力を最も刺激する打ち出の小槌だ」と考えている。

いくつかの仕事の重要性は明らかである。例えば，今にも死にそうな人を助け負傷した人の手当てをする医療の仕事や，人々の生活を変えられる科学技術の開発は，その仕事に価値があるか否かは誰も疑いを持たない。さらに，国家の安全を守る軍人や社会の治安を守る警察をあってもなくてもよいと考える人はいないだろう。しかし，単純作業の繰り返しである肉体労働やサービス業を見ると必ずしもそうではない。

とは言うものの，それらの大変でおもしろくない仕事にも各々の価値がある。例えば，ある清掃員はホテルで十数年働いている。彼女の毎日の仕事は，シーツを交換し，布団をたたみ，トイレを掃除することである。他人には簡単でつまらない仕事に見えるが，彼女はいつも楽しくやっている。彼女が思うに，家を離れて外にいるお客さまのために，温かく快適な休める環境を提供できるというのは，とても意義のあることである。

07 (1) 問：传统观念认为该如何使员工听话？（伝統的な考え方ではいかにして従業員に言うことを聞かせるべきだとしているか。）

答：❶ 应采取高压手段和惩罚措施。
（高圧的な手段と懲罰措置をとらなければならない。）

② 得多发奖金激发员工的潜能。
（多くのボーナスを与え従業員の潜在能力を刺激しなければならない。）

③ 必须反复强调工作的重要性。
（繰り返し仕事の重要性を強調しなければならない。）

④ 应尽量缩短员工的工作时间。
（従業員の仕事をする時間をできるだけ短くしなければならない。）

08 (2) 問：现代管理学的主张是什么？（現代マネージメント学の主張とは何であるか。）

答：① 为员工提供舒适的工作环境。

（従業員のために快適な仕事環境を提供する。）

❷ 让员工发现自己工作的意义。

（従業員に自らの仕事の意義を発見させる。）

③ 把时间用在更有意义的事上。（時間をもっと意義のあることに使う。）

④ 仅仅把工作当成谋生的手段。

（仕事をただの生計を立てる手段にする。）

09 ⑶ 問：人们在什么情况下容易产生使命感？

（人々はどのような状況の下で使命感を生み出しやすいか。）

答：① 获得一定的物质奖励时。（一定の物質的な報奨を得たとき。）

② 自己的生活得到保障时。（自らの生活の保障を得たとき。）

❸ 发现工作的意义所在时。（仕事の意義を発見したとき。）

④ 自己的职务得到晋升时。（昇進したとき。）

10 ⑷ 問：哪些人的工作比较容易被忽视？

（どんな人々の仕事が比較的重視されない傾向にあるか。）

答：① 从事科学研究和技术开发的科研人员。

（科学研究や技術開発に従事する科学研究者たち。）

② 肩负保卫国家安全重任的军人和警察。

（国家の安全を守る重責を担う軍人と警察。）

③ 负责防病治病和救死扶伤的医护人员。

（病を治し負傷者を助ける責任を負う医療従事者。）

❹ 从事看似简单无聊的服务工作的人们。

（簡単でつまらないように見えるサービス業に従事する人々。）

11 ⑸ 問：与本文内容相符的是以下哪一项？

（本文の内容と一致するものは，次のどれか。）

答：① 用金钱激发员工的积极性收效甚佳。

（金銭で従業員の積極性を刺激するのが成果を収めるのに最もよい。）

② 仅靠可有可无的简单工作很难生存。

（あってもなくてもよい簡単な仕事のみに頼って生きていくのは難しい。）

③ 越是简单重复的工作越能使人快乐。（簡単で繰り返しの仕事であればあるほど，人はより楽しさを味わうことができる。）

❹ 有人对服务行业的重要性认识不足。

（サービス業の重要性を十分に認識していない人がいる。）

(6)〜(10)の中国語

20 谁都没有想到，获得 2018 年度亚洲设计大奖的竟然是一个年轻的日本和尚。而他的“寺庙零食俱乐部”严格地说，算不上是一件产品，只是一个帮扶平台。

松岛靖朗大学毕业后，在寺庙做了住持。他平静的生活被一则新闻打破了。那条新闻说，一个年轻的母亲和她幼小的孩子因为缺少食物，在家中饿死了。他简直不能相信，在经济发达的日本居然会发生饿死人的惨事。

21 随即，松岛开始查阅资料，发现问题远比他想象的严重。在日本，每 7 个孩子中就有一个贫困儿童，而单亲家庭中贫困家庭的比例超过 50%，有近 280 万的儿童处于饥饿和贫困之中。

该怎样帮助这些可怜的孩子们呢？一天，松岛看到庙里的小和尚正在丢弃贡品中的水果和点心，他的大脑里顿时有了一个大胆的想法：把剩余的贡品送给需要的孩子。庙里的贡品都是献给神的，普通人一般是不能吃的。但松岛想如果把这些准备扔掉的贡品送给那些贫困的孩子，神明也一定会高兴的。于是松岛打破陈规，把贡品中新鲜的水果和点心收集起来，转送给那些贫困家庭。2014 年，松岛把这项活动命名为“寺庙零食俱乐部”。

22 在松岛的影响下，其他地区的寺庙也纷纷行动起来。到 2018 年，日本已有 975 个寺庙和 392 个合作组织加入了“寺庙零食俱乐部”，每月接受援助的儿童数量也增加到 9000 个。正是这样的善意和温暖使它荣获大奖，被称为“世界上最美的设计”。

訳：一人の若い日本人僧侶が 2018 年アジアデザイン大賞を受賞するなんて，誰が想像しただろうか。しかも，彼の主宰する「おてらおやつクラブ」は正確に言うと，一つの製品ではなく，支援サイトである。

松島靖朗さんは大学を卒業した後，お寺で住職になった。彼の静かな生活は一件のニュースによって打ち破られる。若い母親とその幼い子どもが，食べ物がなくて家で餓死してしまったというニュースだ。経済の発達した日本でまさか餓死の惨事が起こるなんて，彼は全く信じられなかった。

松島さんはすぐさま調査を始め，問題は彼の想像よりはるかに深刻であることに気付いた。日本では，7 人の子どものうち 1 人は貧困児童であり，また一人親世帯の貧困率は 50 パーセントを超える。280 万人近い子どもが飢餓と貧困の中にあるというのだ。

これらのかわいそうな子どもをどうやって助けたらいいのだろうか。ある日，松島さんはお寺の小僧さんがお供え物の果物とお菓子を捨てるのを目にし，急に一つの大胆な考えが生まれた。残ったお供え物を必要な子どもに送る。お寺のお供え物はすべて仏様に捧げられたもので，一般の人は普通食べてはいけない。しかし，松島さんはこれらの捨てる予定の果物やお菓子を貧しい子どもたちに送れば，仏様も必ず喜ぶであろうと思った。そこで，松島さんは古いしきたりを破り，お供え物の中の新鮮な果物やお菓子を集め，貧しい家庭に送った。2014 年，松島さんはこの活動を「おてらおやつクラブ」と名付けた。

松島さんの影響のもと，他の地区にあるお寺も次から次へと行動し始めた。2018 年には，日本の 975 のお寺と 392 の支援団体が「おてらおやつクラブ」に加入し，毎月援助を受ける児童の数も 9000 人に増加した。光栄ある大賞はまさにこのような善意と思いやりによってもたらされ，「世界で最も美しいデザイン」と称されたのである。

23 (6) 問：获得 2018 年度亚洲设计大奖的是什么人？

(2018 年アジアデザイン大賞を受賞したのはどのような人か。)

答：① 一个刚毕业的大学生。(ある卒業したばかりの大学生。)

② 一个很有名的设计师。(ある有名なデザイナー。)

❸ **一个年轻的日本和尚。**(ある若い日本人の僧侶。)

④ 一个普通的日本妈妈。(ある普通の日本人の母親。)

24 (7) 問：让得奖人松岛根本没有想到的是什么？

(受賞者である松島さんが全く思いつかなかったこととは何か。)

答：❶ **日本居然有那么多贫困家庭。**

(意外にも日本にはこんなに多くの貧困家庭があること。)

② 贫困儿童是那么缺乏安全感。

(貧困児童はこんなにも不安を感じていること。)

③ 寺庙里的贡品浪费那么严重。

(お寺のお供え物がこんなにもむだにされていること。)

④ 有那么多人支持自己的行动。

(こんなにも多くの人が自分の行動を後押ししてくれること。)

25 (8) 問：“寺庙零食俱乐部”的活动最初源于什么？

(「おてらおやつクラブ」の活動が始まったきっかけは何か。)

答：❶ **源于一则有人因饥饿而死的新闻报道。**

(ある人が飢餓で死んだというニュース報道による。)

② 源于其他寺庙有类似活动的新闻报道。
(他の寺が似たような活動をしているというニュース報道による。)

③ 源于一份关于贫困人口的统计报告。(貧困人口の統計報告による。)

④ 源于政府相关部门发出的一个倡议。
(政府の関連機関が出した一つの提案による。)

26 (9) 問："寺庙零食俱乐部" 的具体做法是什么?
(「おてらおやつクラブ」の具体的なやり方はどのようなものか。)

答：① 动员民众捐赠食品帮助困难儿童。
(人々に食べ物を寄付してもらい生活が苦しい児童を助ける。)

❷ 将以往要扔的食品送给贫困家庭。
(これまで捨てようとしていた食べ物を貧困家庭に送る。)

③ 募集新鲜的水果和点心供奉神明。
(新鮮な果物とお菓子を募り，仏様にお供えする。)

④ 请贫困儿童来寺庙一起吃点心。
(貧困児童に寺に来てもらい一緒にお菓子を食べる。)

27 (10) 問：与本文内容不相符的是以下哪一项?
(本文の内容と一致しないものは，次のどれか。)

答：**❶ 松岛最初的想法是为了让神明高兴。**
(松島さんの最初の考えは仏様に喜んでもらうためであった。)

② 松岛的行为起到了模范带头的作用。
(松島さんの行動は率先してお手本を示す影響力があった。)

③ 日本不是一个人人衣食无忧的国家。
(日本は人々がみな衣食に心配しなくてよい国ではない。)

④ 日本寺庙里的贡品原则上不给人吃。
(日本のお寺のお供え物は原則として人に食べさせてはいけない。)

2 **500字程度の文章を聞いたあと，指定された5か所の文を漢字で書き取ります。全体の内容を理解しながら，正しく漢字で書く能力を問います。**(各10点)

37 大提琴家马友友有一次去非洲演出，(1)当地的土著民众载歌载舞地欢迎他的到来，热情洋溢的欢迎仪式使他非常感动。欢迎仪式结束以后，马友友说："下面让我来为大家演奏一首吧。" 可是，土著们却异口同声地说道："还是请你欣赏我们的表演吧。" 后来马友友跟朋友聊起这件事时，自我解嘲地说：

(2)“我原以为他们一定很渴望听我演奏呢，万万没想到，他们根本不在乎。”

38 无独有偶，我的朋友给我讲了一个异曲同工的小故事。一所中学的校长，每天当老师和学生都离开学校后，还要独自留在学校工作一阵儿。(3)有一天，一个年过六旬的老伯偶然经过学校，见校长形单影只，便来与他聊天儿。而校长也觉得老伯孤单寂寞，就放下工作陪他谈天说地。

(4)谁知道从此以后，老伯几乎风雨无阻天天前来报到，严重影响了校长的工作。一天，校长终于把心里话说出来了：“老伯，我公务繁忙不能天天陪您聊天儿了。”谁知，老伯勃然大怒：“我是看你孤单才特地来陪你聊天儿，没想到你却以怨报德。”

39 原来他们双方都误解了对方，(5)他们都从自己的角度看问题，一厢情愿地认为自己是施恩者，而对方是受惠者。两人都以为对方会为自己的“牺牲”而感激涕零。结果却是现实的情况与自己的想象背道而驰了。

訳：あるとき，チェロ奏者ヨーヨー・マはアフリカに演奏に行った。すると，(1)その土地の先住民は歌い踊りながら彼の到着を大歓迎し，情熱的な歓迎の儀式に彼は非常に感動した。歓迎の儀式が終わった後，ヨーヨー・マは「次はわたしが皆さんのために一曲演奏しましょう」と言った。しかし，先住民たちはみな口をそろえて言った。「やはり，われわれの演技をあなたに鑑賞していただきましょう」後に，ヨーヨー・マは友達にこのことを話したとき，ばつが悪そうに言った。(2)「わたしはもともと彼らがわたしの演奏を聴くことを心から望んでいると思っていたのだ。でも，思いも寄らなかったよ。彼らは全くどうでもよかったのだ」

同じことがほかにもある。わたしの友達は最近わたしに似たような話をした。彼はある中学の校長である。教師と生徒が学校を離れたあとも，彼は毎日一人で学校に残りしばらく仕事をする。(3)ある日，60歳を過ぎたおじいさんがたまたま学校を通りがかったときに，校長先生が独りぼっちであるのを目にし，彼とおしゃべりをした。校長もおじいさんが孤独で寂しそうだと感じ，仕事を中断して彼につきあい雑談をした。

(4)その後，おじいさんは晴れの日も雨の日も毎日やってきて，校長の仕事に深刻な影響を与えたなんて誰が知ろうか。ある日，校長はとうとう胸の内を話した。「おじいさん，わたしの公務は忙しく毎日あなたにつきあって雑談することはできません」すると，あろうことか，おじいさんは顔色を変えて怒り，言ったのである。「わたしはあなたがひどく寂しそうなのを見て，わざわざ都合をつけてやってきて，あなたにつきあって雑談しているのです。それなのに，あなたは恩を仇で返すというのですか」

なんと彼らはお互いに勘違いしていたのである。(5)彼らはともに自分の角度からものを考えて，自分は恩恵を施す者であり，相手はその恩恵を受ける者と独り善がりに考えていた。両者はともに相手が自らの犠牲に涙を流して感謝するだろうと考えていたのだ。しかし，現実の状況と自分の想像は結局全く逆であったのである。

40 (1) 当地的土著民众载歌载舞地欢迎他的到来，热情洋溢的欢迎仪式使他非常感动。

41 (2) “我原以为他们一定很渴望听我演奏呢，万万没想到，他们根本不在乎。”

42 (3) 有一天，一个年过六旬的老伯偶然经过学校，见校长形单影只，便来与他聊天儿。

43 (4) 谁知道从此以后，老伯几乎风雨无阻天天前来报到，严重影响了校长的工作。

44 (5) 他们都从自己的角度看问题，一厢情愿地认为自己是施恩者，而对方是受惠者。

筆　記（⇨問題37頁）

1 800字程度の文章を読み，流れをつかんで適当な語句を補う8問，正しいピンインを選ぶ1問，内容の理解を問う1問に答えます。語句の知識と読解力を問います。（各2点）

解答：(1)❷　(2)❹　(3)❸　(4)❷　(5)❷　(6)❹　(7)❶　(8)❸　(9)❷　(10)❸

有一个人从小很穷，经过多年的 (1)打拼 终于成了拥有数十亿美元的企业家。开心之余他也为如何保住自己的巨额财富而焦虑。于是他开始大量阅读、苦心钻研，想了解那些曾经有钱的失败者是如何变穷的。他本以为花天酒地、 (2)骄奢淫逸／贪图享受／穷奢极欲 是那些人失败的主要原因。后来他发现事实并非如此，因为 (3)挥霍 、奢侈总有个限度，到了一定程度便会适可而止。正如山珍海味吃多了，你就会 (4)惦记 粗茶淡饭一样。所以有钱人的 (5)败落 跟声色犬马、纸醉金迷没有直接关系。那些富豪即使什么也不干，也不会穷到哪儿去。那么，究竟是什么原因导致了有钱人的失败呢？赌博、吸毒、错误的投资决策，正是这些非常低级的错误导致了他们最终的破产。一些 (6)不甘寂寞 的有钱人，以极其愚蠢的方式将手中的一把好牌打烂，最后不得不离开牌桌，退出角逐场。

一位作家说过这样一句话：人活着就是一件很郁闷的事，无论你是成就非凡，还是一事无成，你都会觉得很郁闷，永远没有(7)酣畅 hānchàng 淋漓的时候。而且这种郁闷天天 (8)伴随 着你，让你不胜其烦。说起来，这种郁闷就是一种常态，你必须学会接受并与之和平共处，千万不要因为烦它就通过干一些傻事来逃避。

总有一些年轻人说自己很 (9)迷茫 ，不知该干点儿什么好。其实，干什么真的不重要，不干什么才重要，尤其是不干傻事最重要。什么是傻事？那些你明知道会带来坏处还偏要做的都可以称之为傻事，比如赌博、吸毒、酗酒、熬夜等等。能够避开这些直击人性弱点的诱惑，你就领先于大多数人了。

赢得人生的马拉松，不在于你开始跑得有多快，而在于漫漫的赛程中你始终没有被傻事绊倒。

訳：ある幼いときから貧しかった人が，長年の苦労を経て，ついに数十億ドルを擁する企業家になった。喜びのあと，彼はどのように自分の巨額の財産を保てばよいかということに気をもんでいた。そこで彼は多くの書を読み，骨身を惜しまず研究した。かつての失敗した金持ちたちはどのように貧しくなったのかを知りたかったのである。彼はもともと酒と女に溺れ，ぜいたく三昧の生活をしたことが彼らの失敗の主な原因であると考えていた。しかしその後，現実はそうではないことに彼は気付く。なぜなら，金を湯水のように遣い，ぜいたくすることにはやはり限度がある。一定のレベルに達すると頃合いを見てやめてしまうのだ。すべての種類のおいしいものを食べ過ぎてしまうと，質素な食事が気になり始めるのとまさに同じである。そのため，お金持ちが落ちぶれるのはぜいたく三昧や趣味三昧の暮らしとは直接の関係はない。あのお金持ちたちは何もしなくとも，そんなに貧しくなることはないのである。それでは，一体何が原因でお金持ちは失敗するのであろうか。賭博，麻薬，投資戦略の失敗，まさにこれらの非常に初歩的な失敗が彼らを最終的な破産に追い込むのである。何かやらないと気が済まないお金持ちたちは，極めて愚かな方法で手持ちのよい札をむだに打ち，最後にはゲームを離れなくてはならなくなり，競争の場から退場するのである。

ある作家が次のように述べた。「人が生きるということは，うっとうしいことである。あなたが優れた成功を収めているか，何事も成し遂げていないかにかかわらず，あなたはうっとうしく感じるのである。永遠に楽しく快適な時は訪れない。その上，このうっとうしさは毎日あなたに付いて回る。その煩わしさにあなたが勝つことはない。言ってみれば，このようなうっとうしさは正常の状態である。あなたはこれを受け入れ，穏やかに共存することを学ばなければならない。これが煩わしいからといって，愚かなことをして逃れようとは絶対に考えてはいけない」

若者たちの中には自分は漠然として，何をしたらいいのか分からないと言う者があるだろう。実のところ，何をするかは重要ではない。何をしないかが重要なのである。特に愚かなことをしないということが最も重要である。一体何が愚かなことであろうか。危険がもたらされることが明らかに分かっているのにそれでもやろうとすることはすべて愚かなことだと言える。例えば，賭博，麻薬，大酒，徹夜など。これらの人間の弱みを直接攻撃する誘惑を避けることができれば，あなたは多くの人に先んじるのである。

人生のマラソンに勝利することは，あなたが初めどれだけ速いスピードで走ったかによって決まるのではない。長々と続くレースの中で，最初から最後まで愚かなことに足を取られて倒れることがないということにかかっている。

(1) 空欄補充

① 打点 dǎdian　❷ 打拼 dǎpīn　③ 打造 dǎzào　④ 打探 dǎshēn

①は「準備する」，②は「奮闘する」，③は「製造する」，④は「探って聞き出す」という意味の動詞です。文脈から②が正解です。

(2) 空欄補充（不適当）

① 骄奢淫逸 jiāoshē-yínyì　② 贪图享受 tāntú xiǎngshòu

③ 穷奢极欲 qióngshē-jíyù　❹ 清心寡欲 qīngxīn guǎyù

①は「ぜいたく三昧で淫らである」，②は「享楽をむさぼる」，③は「ぜいたくの限りを尽くす」，④は「雑念を払い欲望をなくす」という意味の四字熟語です。“花天酒地”と並列して失敗の主な原因になることを挙げているので，④が適当ではありません。

(3) 空欄補充

① 挥洒 huīsǎ　② 挥舞 huīwǔ　❸ 挥霍 huīhuò　④ 挥师 huīshī

①は「こぼす」，②は「振りかざす」，③は「金銭を湯水のように遣う」，④は「軍隊を指揮する」という意味の動詞です。後ろに続く“奢侈”（ぜいたくである）と並列する語ですから，③が正解です。

(4) 空欄補充

① 掂量 diānliang　❷ 惦记 diànji　③ 酌量 zhuóliang　④ 斟酌 zhēnzhuó

①は「手で目方を量る」，②は「気にかける」，③は「事情を考慮する」，④は「よく考える」という意味の動詞です。ぜいたくには限りがあることを「すべての種類のおいしいものを食べ過ぎてしまうと，質素な食事が気になり始めるのとまさに同じである」と表現しているので②が正解です。

(5) 空欄補充

① 败坏 bàihuài　❷ 败落 bàiluò　③ 败类 bàilèi　④ 败兴 bàixìng

①は「傷つける」，②は「落ちぶれる」，③は「腐敗分子」，④は「白ける」の意味です。「お金持ちが落ちぶれるのはぜいたく三昧や趣味三昧の暮らしとは直接の関係はない」という文脈から②が正解です。

(6) 空欄補充

① 不置可否 búzhì-kěfǒu　　② 不厌其烦 búyàn qí fán

③ 不名一文 bùmíng-yìwén　　❹ 不甘寂寞 bùgān-jìmò

①は「可否の判断を下さない」，②は「面倒なのを嫌がらない」，③は「文無しである」，④は「じっとしていて何かをなすところがないことをよしとしない」という意味の四字熟語です。失敗するお金持ちについて言っているので④が正解です。

(7) ピンイン表記

❶ hānchàng　　② gānyáng　　③ hànchǎng　　④ gāncháng

(8) 空欄補充

① 随身 suíshēn　　② 伙伴 huǒbàn　　❸ 伴随 bànsuí　　④ 同伙 tónghuǒ

①は「身に着ける」，②は「仲間」，③は「付き従う」，④は「同じ仲間，仲間になる」の意味です。「うっとうしさが付いて回る」ことを言っているので，③が正解です。

(9) 空欄補充

① 迷梦 mímèng　　❷ 迷茫 mímáng　　③ 迷醉 mízuì　　④ 迷途 mítú

①は「妄想」，②は「茫漠としている」，③は「心を奪われる」，④は「道に迷う」の意味です。「若い人が，ぼんやりとはっきりせず，何をしたらよいか分からない」と言っているので，②が正解です。

(10) 内容の一致

① 曾经的富豪之所以回归穷困无外乎过于奢靡。
（かつての金持ちがまた貧しくなったのはぜいたくしすぎたからに違いない。）

② 事实证明，越是富有的人越容易犯低级错误。
（お金持ちであればあるほど簡単な間違いを犯しやすいと事実は証明している。）

❸ 无论是谁，只要活在世上就有烦恼相伴终生。
（誰であってもこの世の中で生きていれば一生煩わしさが付いて回る。）

④ 赢在起跑线上是一个人取得成功的不二法宝。
（スタートラインで勝つことが，人が成功するための唯一の方法である。）

二段落目の作家のことば“人活着就是一件很郁闷的事，无论你是成就非凡，还是一事无成，你都会觉得很郁闷，永远没有酣畅淋漓的时候”から，③が正解です。

2 適当な語句を補います。読解力と語句の知識を問います。 （各 2 点）

解答：(1) ❸ (2) ❶ (3) ❷ (4) ❶ (5) ❹ (6) ❸ (7) ❹ (8) ❷ (9) ❹ (10) ❷

(1) 我听说她经常为一点儿小事情跟丈夫（ 赌气 ）。
（彼女はいつも小さな事で夫に腹を立てるとわたしは聞いている。）

① 打气 dǎqì ② 怒气 nùqì ❸ 赌气 dǔqì ④ 泄气 xièqì

①は「激励する」，②は「怒りの表情」，③は「むかっぱらを立てる」，④は「がっかりする」という意味です。“跟丈夫…”の後ろには動詞が入り，文脈から③が正解です。

(2) 在大家的一片指责声中，那家伙只好（ 灰溜溜 ）地逃走了。
（みんなが責め立てる中，そいつはただすごすごと逃げるしかなかった。）

❶ 灰溜溜 huīliūliū ② 兴冲冲 xìngchōngchōng
③ 干巴巴 gānbābā ④ 乱哄哄 luànhōnghōng

ABB 型の形容詞の問題です。①は「意気消沈している」，②は「喜び勇んでいる」，③は「かさかさしている」，④は「がやがや騒ぎ立てる」という意味です。文脈から①が正解です。

(3) 别以为他是那种（ 没心机 ）的人，其实他对很多事情看得很透。
（彼は考えのない人であると思ってはいけない。実は彼は多くの事を見通している。）

① 莫须有 mòxūyǒu ❷ 没心机 méi xīnjī
③ 不倒翁 bùdǎowēng ④ 无名火 wúmínghuǒ

①は「あるかもしれない」，②は「策略がない」，③は「起き上がりこぼし」，④は「言うに言われぬ怒り」という意味です。文脈から②が正解です。

(4) 那些流氓把警察局长当成（ 护身符 ），在当地横行一时。
（あのごろつきどもは警察長官をお守りと見なして，その土地でしばらく勝手なふるまいをしている。）

❶ 护身符 hùshēnfú ② 马前卒 mǎqiánzú
③ 门外汉 ménwàihàn ④ 肉中刺 ròuzhōngcì

①は「お守り」，②は「手先」，③は「素人」，④は「目の上のこぶ」という意味です。“护身符”は頼りになる人や物をたとえるのによく使われます。

(5) 不知为什么，进公司五年了，他在老板那儿还是那么（ 不受待见 ）。
（会社に入って5年もたつのに，彼はどうして社長にあんなに嫌われているのか分からない。）

① 不由自主 bùyóuzìzhǔ　② 不折不扣 bùzhé-búkòu
③ 水土不服 shuǐtǔ bùfú　❹ 不受待见 bú shòu dàijian

①は「自分を制御できない」，②は「掛け値なし」，③は「水が合わない」，④は「好まれない」という意味です。社長に嫌われていることを言っているので，④が正解です。

(6) 一向爱说爱笑的小李，怎么突然变得（ 矜持 ）起来了呢?
（あのいつもおしゃべりでにこにこしていた李さんが，どうして突然緊張してぎこちなくなってしまったのだろうか。）

① 活泼 huópo　② 开朗 kāilǎng　❸ 矜持 jīnchí　④ 泼辣 pōlà

①は「活発である」，②は「ほがらかである」，③は「ぎこちない」，④は「大胆である」という意味です。文脈から③が正解です。

(7) 几个年轻人（ 三下五除二 ）就把这间旧房子收拾得干干净净的。
（数人の若者がてきぱきとこの古い家をとてもきれいに片づけてくれた。）

① 不管三七二十一 bùguǎn sān qī èrshiyī
② 一退六二五 yí tuì liù èr wǔ
③ 二一添作五 èr yī tiānzuò wǔ
❹ 三下五除二 sān xià wǔ chú èr

いずれも珠算の口訣《くけつ》から来ています。①は「委細かまわず」，②は「さっぱりと責任を逃れる」，③は「半分ずつに分ける」，④は「てきぱきとやる」という意味です。部屋を片づける様子から④が正解です。

(8) 我觉得这篇文章有（ 亵渎 ）英灵之嫌，应当予以批判。
（この文章は犠牲者を冒瀆《ぼうとく》する疑いがあるので，批判すべきであると思う。）

① 猥琐 wěisuǒ　❷ 亵渎 xièdú　③ 龌龊 wòchuò　④ 怯懦 qiènuò

①は「下品である」，②は「冒瀆する」，③は「汚い」，④は「臆病である」という意味です。“英灵”は多く革命の犠牲者を指し，“亵渎英灵”で「(革命の犠牲者などを) 冒瀆する」という意味になります。

⑼ 我相信不论犯罪分子多么狡猾，总有一天会（ 露马脚 ）的。

（犯罪者がどんなにずる賢くても，いつの日か必ず化けの皮が剝がれる日が来るとわたしは信じている。）

① 马后炮 mǎhòupào　　② 露一手 lòu yìshǒu

③ 抱佛脚 bào fójiǎo　　❹ 露马脚 lòu mǎjiǎo

①は「後の祭り」，②は「腕前を見せる」，③は「苦しいときの神頼み」，④は「化けの皮が剝がれる」という意味です。文脈から④が正解です。

⑽ 两个人（ 推心置腹 ）地谈了半天，终于消除了误会，和好如初了。

（2人は腹を割って半日話し合い，ようやく誤解が解けて，元どおり仲よくなった。）

① 信口开河 xìnkǒu-kāihé　　❷ 推心置腹 tuīxīn-zhìfù

③ 不知所云 bùzhī-suǒyún　　④ 连篇累牍 liánpiān-lěidú

①は「無責任な放言をする」，②は「誠意をもって人に当たる」，③は「何を言っているのか分からない」，④は「長々と述べ立てる」という意味です。「話し合う」を修飾する②が正解です。

3 正しく解釈した文を選びます。語句の意味についての知識を問います。（各2点）

解答：⑴❸　⑵❶　⑶❹　⑷❶　⑸❸　⑹❶　⑺❶　⑻❸

⑴ 说句老实话，我对这个东西还真吃不准。

（正直に言うと，わたしはこの事に全く自信が持てない。）

① 指的是对某事物不感兴趣。
（ある事物に対して興味がないことを指している。）

② 指的是某种食品不合口味。（ある食品が口に合わないことを指している。）

❸ 指的是搞不清事物的本质。（事物の本質が分からないことを指している。）

④ 指的是从未尝过某种食物。
（ある食べ物を今まで味わったことがないことを指している。）

「きちんと把握できない」ことを言います。

(2) 这部小说的特点是人物关系盘根错节，故事情节扑朔迷离。（この小説の特徴は登場人物の人間関係が複雑で，ストーリーが見えないことである。）

❶ 事情错综复杂，很难看清真相。
（事柄が複雑に入り組んでおり，真実がはっきり分からない。）

② 彻底脱离现实，令人难以置信。
（完全に現実から離れており，人を信用させることが難しい。）

③ 十分精彩迷人，让人难舍难离。
（非常にすばらしく人を夢中にさせ，手離し難くさせてしまう。）

④ 古老而又神秘，使人非常难忘。
（歴史があり神秘的であるため，非常に忘れ難くさせる。）

「物事が錯綜していて見通しがつかない」ことを言います。前文に「人間関係が複雑である」とあるので，①が正解です。

(3) 一向风度翩翩的刘先生，今天怎么这么狼狈。（いつも落ち着きはらっている劉さんが，きょうはどうしてこんなに取り乱しているのだろうか。）

① 形容人的学识十分渊博。（人の学識が非常に深く広いことを形容する。）

② 形容人的衣着高贵华丽。
（人の服装が高貴で華やかであることを形容する。）

③ 形容人的语言风趣幽默。
（人の話すことばがユーモアにあふれていることを形容する。）

❹ 形容人的举止文雅优美。
（人のふるまいが上品で優雅であることを形容する。）

「ふるまいがあか抜けているさま」を表します。後文にある“狼狈”（取り乱す，うろたえる）と相対する意味になり，④が正解です。

(4) 我劝你在这件事上还是睁一只眼，闭一只眼吧。
（この事については，やはりあなたは見て見ぬふりをしたほうがよい。）

❶ 比喻对人或事的态度是迁就忍让。
（人や物事に対してしぶしぶ譲歩することをたとえる。）

② 比喻对人或事的态度是人云亦云。
（人や物事に対して人の受け売りをすることをたとえる。）

③ 比喻对人或事的态度是偏听偏信。
（人や物事に対して一方のみの言い分を聞くことをたとえる。）

④ 比喻对人或事的态度是顺其自然。
（人や物事に対して成り行きに任せることをたとえる。）

「片目は開け，片目は閉じる」の意味で，あえて見なかったことにすることを言います。

⑸ 他恨不得将自己的所有技能都传给自己的徒弟。
（彼は自分の持つすべての技能を自分の弟子に伝えられないことがもどかしい。）

① 对某件事的发生感到遗憾。（ある事に対して残念に思う。）
② 很不希望看到某件事发生。（ある事が起こらないことを強く望んでいる。）
❸ 对某件事怀有迫切的希望。（ある事に対して切実な望みを抱いている。）
④ 非常勉强地从事某项工作。（ある仕事に非常にしぶしぶ従事している。）

「何かをしたくてならない，もどかしい」気持ちを表します。

⑹ 认识小张的人都知道他是一个爱抬杠的人。
（張さんを知っている人はみな，彼が揚げ足を取るのが好きなことを知っている。）

❶ 与别人争辩。（人と言い争う。）
② 跟别人合作。（人と協力する。）
③ 为别人帮忙。（人を助ける。）
④ 替别人受苦。（人に代わって苦労を引き受ける。）

「（へ理屈を言って）言い争う」という意味です。

⑺ 他没想到这样做的结果是赔了夫人又折兵。（彼はこのようにした結果，計画が失敗し，かえって元も子もなくなるなんて思いもしなかった。）

❶ 本想占便宜，却遭受了双重损失。
（もともと得をすると思っていたのに，かえって二重の損失を被ることになった。）
② 意外得到了比预想大得多的收获。
（思いがけず想像よりはるかに大きな収穫を得た。）
③ 尽管有些损失，但也有不少收获。
（少しばかりの損失があったとしても，多くの収穫を得ることができる。）
④ 不该泄露的秘密被所有人知道了。
（漏らしてはいけない秘密がすべての人に知られた。）

『三国志演義』に基づくことわざで，「計略が失敗してかえって損失を招く」たとえです。

(8) 就在大家一筹莫展的时候，小王的提案令所有人眼前一亮。(みんながどうしたらよいか分からないとき，王さんの提案はすべての人に希望をもたらした。)

① 各种意见混杂难以统一。
(さまざまな意見が入り乱れ，まとめるのが難しい。)

② 一句安慰话也说不出来。(一言の慰めのことばも出てこない。)

❸ 一点儿办法也想不出来。(全くどうしていいか分からない。)

④ 因受到打击而情绪低落。(ショックを受けて気持ちが沈む。)

「何の方法もない，どうしたらよいか分からない」という意味です。

4 **600字程度の文章を読み，2か所のピンインを漢字に改め，3つの文を日本語に訳します。全体の内容を理解しながら，正しく漢字で書く能力，日本語の翻訳力を問います。** ((1)(ア)(イ)各2点，(2)(a)6点，(b)(c)各7点)

我们都有过被伤害的经历，面对伤害，我们该怎样应对呢？直接反击吗？也许这会让我们自己面临很大的道德焦虑；等对方一句道歉，然后息事宁人吗？这也许又会令我们的内心很不平衡。

有个人在听了朋友的道歉后，说了一句话："你可以向我道歉，但我可以选择不原谅你。如果你不是真心诚意地觉得自己错了，那么我当然也不会原谅你。因为从来没有一项规定说，道歉了就该得到原谅。"

这句话也许说出了很多人的心声，凭什么你道歉了我就要原谅你？(a)其实，道歉这件事说起来很简单，上下嘴唇一碰，一句轻飘飘的"对不起"就可以脱口而出。但有的时候，这句"对不起"里却满含着对对方的控制。

知错后道歉似乎是一件被社会规范所赞扬的事情，但是，从另一个角度来看，道歉也有(ア) zǔ'ài 阻碍对方表达意愿的作用。不管道歉者当时是否意识到了这一点，(b)这种行为总是包含着一个潜台词，那就是既然我已经道歉了，你就应该原谅我，否则你就是一个没有气量的人。也正是这句潜台词让接受道歉者失去了表达真实感受的机会。

《论语》中有这样的记载，当孔子被弟子问到如何对待曾伤害过自己的人时，孔子直言，应该以适当的惩罚回应伤害。

是啊，总是包容伤害我们的人，是不是对善待我们的人的不公平呢？一个人犯了错而没有予以相应的惩罚，实际上是在(イ) zòngróng 纵容其继续犯错。(c)就连崇尚无为的老子都说，一味地以德报怨不是妥善的做法。从某个角度来说，以直报怨才是真正的与人为善。

訳：わたしたちはみな傷つけられた経験を持つ。傷つけられたとき，われわれはどのように対処すべきだろうか。そのまま反撃するか。そうすれば，おそらくわれわれは大きな道徳上の葛藤に直面することになるだろう。相手が謝るのを待って，穏便に解決するか。これもわれわれの気持ちを落ち着かなくさせるだろう。

ある人は友人がごめんなさいと謝ったあと，次のように言った。「わたしに謝ってもいいが，わたしはあなたを許さないという選択ができる。もしあなたが，誠心誠意自分が過ちを犯したと思っていなければ，わたしは当然あなたを許さない。なぜなら，謝ったら許されるべきであるという決まりなんてこれまであったわけじゃないのだから」

このことばは，おそらく多くの人の心の声を言い表している。どうしてあなたが謝ったらわたしはあなたを許さないといけないのか。(a)実際，謝るというのは，ことばで説明するとたいへん簡単なことである。上唇と下唇を合わせさえすれば，軽い「ごめんなさい」の一言ならばすぐに口をついて出てくる。しかし，時にこの「ごめんなさい」の一言は相手を支配する可能性を十分に帯びている。

落ち度が分かって認め謝るというのは，社会規範によって賞賛されていることのようだ。しかし，別の角度から見ると，謝るというのはその相手が気持ちを表すのを阻害する働きもある。謝った者がそのときその点に気付いているかどうかにかかわらず，(b)このような行為はいつも言外の意味を含んでいる。それはつまり，わたしはもう謝ったのだから，あなたはわたしを許すべきだ。さもなければあなたは度量が狭いと。そして，まさにこの言外の意味によって，謝られた人は本当の気持ちを言い表す機会を失ってしまう。

『論語』（「憲問」第14-36）には次のような記載がある。孔子は弟子からかつて自分に危害を加えた人にどう向き合えばよいだろうかと質問を受けたとき，適切な懲罰を用いてその危害に応えるべきであると直言した。

そのとおりだ。いつもわたしたちを傷つけた人間をそのままにしておくというのは，わたしたちによくしてくれた人に対して不公平ではないのか。一人の人間が過ちを犯したのに，相当する懲罰を与えないのは，実際は続けて過ちを犯すことを放っておくということだ。(c)無為自然を尊ぶ老子でさえも，ただ単に徳をもって恨みに報いるのは妥当なやり方ではないと言っている。ある角度から言えば，正直に恨みを晴らすことこそが正真正銘の人に善を行うということであるのだ。

(ア)・(イ)，(a)〜(c)上記を参照

(a) “说起来”の“起来”は方向補語で，「…してみると」という意味を表します。“上下嘴唇一碰，一句轻飘飘的‘对不起’就可以脱口而出”の前文は条件節であり「…さえすれば，…だ」と訳せます。“脱口而出”は「口をついてすらすら出る」の意味です。

(b) “潜台词”には「せりふに潜んでいる言外の意味」という意味があります。“既然”は“就”と呼応して，「…したからには…」という複文を作ります。“没有气量”は「度量がない」という意味です。

(c) “连…都…”は「…でさえ…」と訳し，ここでは動作の主体を強調しています。“一味”は副詞で「もっぱら，ひたすら」という意味です。“以德报怨”は「徳をもって恨みに報いる」，“以直报怨”は「正直な手段で恨みに報いる」，“与人为善”は「人がよいことをするのを助けてやること」の意味です。

5 **100字程度の日本語の文章2題を中国語に訳します。会話，手紙，論説などの少しまとまった長さの文章を組み立てる能力を問います。** (各10点)

(1) 大学を中退し，安定した職業に就けず，奨学金の返済ができなくなる「中退難民」が相次いでいる。中退すると，学業の機会が閉ざされるだけでなく，就職もより厳しくなり，多額の奨学金の返済だけが残る。

大学中途退学，找不到稳定的工作，无法偿还奖学金，类似这样的“肄业难民”不断出现。一旦中途退学，不但学习的大门被关闭，而且就业也更加困难，剩下的只是需要偿还的大额奖学金。

「中退する」は“中途退学”を用います。「…の仕事に就けない」は“无法从事…”と訳してもかまいません。“肄业”は卒業せずに途中で学校を離れるという意味があります。「借金を返済する」は“偿还”を用います。「…であるだけでなく…」は“不仅…”を使用してもかまいません。

(2) 中国では，最新の技術を生かしたサービス無人化の実験が進んでいる。無人コンビニは，その一つである。利用者はスマホをかざして入店し，店内のカメラが客の選んだ商品の金額を計算する。支払いは，店を出るときにスマホ経由で行う。

中国正在进行利用最新技术的服务行业无人化的实验。无人便利店就是其中之一。顾客刷手机进店，店内的摄像机计算客人所选商品的金额。

客人离开商店时用手机付款。

「サービスの無人化」は“服务业无人化”と訳しましょう。「…の実験が進んでいる」は“进行…的实验”に進行を表す“正在”を加えます。「(スマホを) かざす」は“刷”を用います。店の中にあるカメラは撮影するカメラですので“摄像机”“摄影机”を使用します。

準1級第102回

(2021年3月)

問　題

リスニング ……………………………………… 66
筆　記……………………………………………… 69

解答時間：計120分

配点：リスニング100点，筆記100点

解答と解説

リスニング ……………………………………… 76
筆　記……………………………………………… 84

リスニング （⇨解答と解説76頁）

03 **1** 中国語を聞き，(1)〜(10)の問いの答えとして最も適当なものを，①〜④の中から1つ選びなさい。（50点）

メモ欄

04
12

05
13

06
14

07 (1)
15 ① ② ③ ④

08 (2)
16 ① ② ③ ④

09 (3)
17 ① ② ③ ④

10 (4)
18 ① ② ③ ④

11 (5)
19 ① ② ③ ④

20
28
メモ欄

21
29

22
30

23 (6)
31 ① ② ③ ④

24 (7)
32 ① ② ③ ④

25 (8)
33 ① ② ③ ④

26 (9)
34 ① ② ③ ④

27 (10)
35 ① ② ③ ④

36 **2** 中国語を聞き，その中から指定された5か所を漢字で書き取りなさい。　(50 点)

37 メモ欄

45

38

46

39

47

40

41

42

43

44

筆 記 （⇨解答と解説84頁）

1 次の文章を読み，(1)～(10)の問い の答えとして最も適当なものを，①～④の中から1つ選びなさい。 (20点)

我的生日在夏天。[(1)]阳历算，是在最热的7月初。从那一天开始，我成为一个“人”，在地球的生命中，就有了一个“我”。所以，生日是唯独属于自己的一个节日；世界上似乎也只有一个人与你的生日有关，那就是生育你的母亲。

我小时候过生日，都是在期末考试的关键时刻，所以弄得我很不愉快。好几次，生日已经过去了，我才想起来，就[(2)]着妈妈要补过生日，妈妈便笑嘻嘻地拿出早已准备好的生日礼物给我——差不多总是一本精美的书或者是一支钢笔。

那时家里经济不太宽裕，整盒的圆形奶油大蛋糕就是我生日的梦想。偶尔也让大人带着，到西餐厅买一小块切好的长方形蛋糕。虽然上面的奶油花纹已经支离破碎，我却[(3)]，还把沾上奶油的手指舔了又舔。

19岁那年初夏，正值“文革”初期，我下乡到了黑龙江北大荒的一个农场，从此就把生日忘在了杭州老家。离开母亲就像离开了自己的生日[(4)]，再也没有人会来关心你曾经是在哪一天来到人间或是你对于人间的印象如何。就连我自己也在终日的劳累和挫折中，淡漠、疏忽了对自己的兴趣。

忽然有一天，我收到一封厚厚的信，信中夹着一[(5)]雪白的真丝手绢，手绢的一角用红色的丝线绣着一行拼音字母——Kangkang。我[(6)]眼眶一热，差点儿就落下泪来。字母是妈妈亲手绣的，绣的是我的名字。妈妈说：“家人在这一天，为祝贺你的生日，[(7)]吃了面条。万里之遥，只能寄个小礼物，表示全家人的一点儿心意。”

我终于觉得自己还活在世上，还被人(8)<u>惦念</u>着，还能受人重视。这一日，我就突然兴奋、振作起来。我想着生日对自己生命的提醒与珍爱，心中感到有了初始的自信。我恍然记起我的年龄，不过是二十几岁，人生尚且漫长，[(9)]不是为自己，为了感谢在这一日痛苦挣扎中生养我的母亲，我[(9)]要踏踏实实地过好未来的每一天，过好每一年的这个日子。

⑴ 空欄⑴を埋めるのに**適当でないもの**はどれか。

① 照　② 按　③ 朝　④ 依

⑵ 空欄⑵を埋めるのに適当なものはどれか。

① 绕　② 缠　③ 挡　④ 望

⑶ 空欄⑶を埋めるのに適当なものはどれか。

① 心血来潮　② 心悦诚服　③ 心满意足　④ 心领神会

⑷ 空欄⑷を埋めるのに適当なものはどれか。

① 相似　② 恰似　③ 似的　④ 似乎

⑸ 空欄⑸を埋めるのに適当なものはどれか。

① 张　② 方　③ 幅　④ 片

⑹ 空欄⑹を埋めるのに適当なものはどれか。

① 及时　② 顿时　③ 不时　④ 临时

⑺ 空欄⑺を埋めるのに適当なものはどれか。

① 蓦地　② 随意　③ 特地　④ 故意

⑻ 下線部⑻の正しいピンイン表記はどれか。

① tiànniàn　② tiànnian　③ diànniàn　④ diànnian

⑼ 2か所の空欄⑼を埋めるのに適当なものはどれか。

① 任凭…也…　② 既然…还…　③ 纵然…也…　④ 除非…才…

⑽ 本文の内容と**一致しないもの**はどれか。

① 我作为“人”一出生就是地球生命中的一分子。

② 我小时候即使生日过了，母亲也会补给我礼物。

③ 我下乡去农场后，母亲再也没有给我过过生日。

④ 过好自己的每个生日是对父母养育之恩的报答。

2 (1)～(10)の中国語の空欄を埋めるのに最も適当なものを，①～④の中から１つ選びなさい。 (20 点)

(1) 他的这句话让我心里感到（　　　）了许多。

① 踏实　② 结实　③ 朴实　④ 厚实

(2) 他们对那个事件的说法与我们的理解（　　　）不同。

① 超然　② 截然　③ 油然　④ 坦然

(3) 对这个领域我只是知道一些（　　　），谈不上有什么研究。

① 皮肉　② 毛皮　③ 皮毛　④ 毛发

(4) 出了一个星期的差，一大（　　　）事情等着我处理。

① 件　② 顿　③ 堆　④ 打

(5) 不知是什么原因，最近小王上课总是（　　　），注意力不集中。

① 走调儿　② 走道儿　③ 走味儿　④ 走神儿

(6) 他俩是舞台上的（　　　）了，所以演起戏来配合得天衣无缝。

① 老搭档　② 老油条　③ 老相识　④ 老字号

(7) 这部电视连续剧剧情引人入胜，每一集都很（　　　）。

① 倒胃口　② 吊胃口　③ 寻开心　④ 开玩笑

(8) 你把事情想得那么糟糕，这也（　　　）太悲观了吧!

① 未必　② 免得　③ 务必　④ 未免

(9) 你去帮他一下吧! 这件事挺棘手的，（　　　）他又是个新手。

① 宁肯　② 任凭　③ 何况　④ 无非

(10) 我初来乍到，（　　　），还请大家多多关照。

① 人地生疏　② 人财两空　③ 耸人听闻　④ 人言可畏

3 (1)～(8)の中国語の下線部の説明として最も適当なものを，①～④の中から１つ選びなさい。 (16点)

(1) 她怕碰一鼻子灰，话到了嘴边，又吞了下去。

① 比喻言语激烈，不管别人的面子。

② 比喻遭到拒绝或斥责，落个没趣。

③ 比喻说话粗鲁无礼，伤害别人。

④ 比喻说话谨慎小心，不敢放言。

(2) 困难就像石头，对于弱者它是绊脚石，对于强者它是垫脚石。

① 比喻登山途中的巨型石块。

② 比喻让弱者变得更弱的事物。

③ 比喻阻碍前进的人或事物。

④ 比喻让强者变得更强的事物。

(3) 现在商业诈骗事件频频发生，防不胜防，搞得大家草木皆兵。

① 形容人焦虑时惊恐万状。

② 形容人惊慌时疑神疑鬼。

③ 形容人受骗时火冒三丈。

④ 形容人消沉时沉默寡言。

(4) 他的报告陈词滥调太多，怎能引起听众的兴趣呢？

① 指难懂的词语非常多。

② 指说话音调太慢太弱。

③ 指陈述事情漫无边际。

④ 指陈旧而不切实际的话。

(5) 这件事大家都得全力以赴地干，谁也别想吃现成饭！

① 比喻自己不出力而享受别人的劳动果实。

② 比喻自己出了力而不能享受应得的劳动果实。

③ 比喻自己不想出力也不想吃别人做的饭。

④ 比喻自己做的饭不想白白地让别人吃。

(6) 俗话说得好，靠山吃山，靠水吃水，我们农民种好庄稼才是本分。

① 比喻为了实现某种目的，充分利用自然山水的有利条件。

② 比喻为了种好农作物，农民必须多开垦周围的土地资源。

③ 比喻为了实现某种目的，充分利用周围现成的有利条件。

④ 比喻为了种好农作物，农民必须尽量利用周围的水资源。

(7) 我们要找到问题的关键所在，不能头痛医头，脚痛医脚。

① 比喻对问题不从根本上解决，只在表面上应付。

② 比喻对问题积极应对，解决得很彻底。

③ 比喻对问题对症下药，逐一加以解决。

④ 比喻对问题的解决信心不足，延误时机。

(8) 他刚走上工作岗位，书生气十足，以为只要有热情就能把事情办好。

① 指某些人天生就具有一种常人所没有的气质。

② 指某些读书人只注重书本、脱离实际的习气。

③ 指某些人天生就具有一种热情奔放的品质。

④ 指某些读书人有具体问题具体对待的能力。

4 次の文章を読み，ピンイン表記の(ア)・(イ)を漢字（簡体字）に改め，下線部(a)〜(c)を日本語に訳しなさい。 (24点)

家庭是什么？家庭是你有父母；家庭是你有孩子；家庭是你有伴侣。

不知你是否发现，一个人无论年龄多大，只要父母健在，他们在父母面前就永远是孩子。人这一生，都需要父母。你年少时，需要他们的教育和培养；你年长后，需要他们见证你的成长和(ア) huīhuáng，在你人生遇到挫败时，需要他们对你的陪伴和安慰。所以，(a)请善待你的父母，因为有他们在，你的奋斗和努力才更具有意义和价值。

孩子需要父母，父母也离不开孩子。因为孩子能帮我们找回童心，找回好奇心，找回最单纯的快乐；因为孩子让我们在繁忙的工作之外能找到人生的慰藉和支撑；(b)因为无论我们对孩子如何严厉，哪怕偶尔发生争执，父母永远是孩子们最爱的人。珍惜你和孩子在一起的美好时光，抽空儿多陪陪他们吧。因为孩子很快就会长大。

幸福的家庭，不能没有能够互相理解和体谅的伴侣。对于大多数人来说，婚姻不只是有福同享，更需要的是(イ) fēngyǔ-tóngzhōu。(c)不嫌你两鬓斑白，依旧与你朝夕相处、冷暖与共的人，就是你该珍惜的伴侣。

我们为什么如此需要家庭？这是因为家是我们身心的港湾，更是我们生活中最大的满足和快乐。愿你我都能学会善待父母，爱护孩子，珍惜伴侣，享受这看似平凡却是最珍贵的幸福吧！

5 ⑴・⑵の日本語を中国語に訳しなさい。 (20 点)

⑴ 2019 年 4 月，新しい『出入国管理法』が施行された。この法律を巡っては賛否両論があるが，いずれにせよ，新しい法律が運用され，日本で暮らす外国人の数が増えるにつれて，社会に変化が生じていくだろう。

⑵ たとえより多く稼いだとしても，毎日疲れ果てて，自分の教養を高める時間もなく，家族団らんの時間さえ持てないのでは，人間らしい豊かな生活とは言えない。

リスニング （⇨問題66頁）

1 600字程度の2つの文章を聞き，内容についての問い5問ずつに答えます。
ポイントとなる内容を聞き取り，全体の趣旨をつかむ能力を問います。(各5点)

解答：(1) ❸　(2) ❷　(3) ❹　(4) ❷　(5) ❸　(6) ❶　(7) ❹　(8) ❸　(9) ❷　(10) ❸

(1)～(5)の中国語

04 国家卫生健康委员会公布的2018年少年儿童近视调查结果显示：总体近视率为53.6%，其中6岁儿童为14.5%，小学生为36%，初中生为71.6%，高中生为81%。可见，少年儿童近视状况十分严重。

小学生戴眼镜的现象越来越普遍。随着各类电子产品，特别是智能手机的快速普及，少年儿童的视力健康面临着新的威胁：一些孩子玩儿手机游戏成瘾，课余时间几乎离不开手机；老师上课使用电子白板，布置作业也高度依赖平板电脑。

05 四川省有一所乡村小学，叫范家小学，51名在校学生没有一个人戴眼镜。范家小学上课跟其他学校一样，学生听课也看电子白板，课堂练习也用平板电脑。但是，电子产品的使用是有管理的，平板电脑只用于课堂教学，课后老师们会把它收回来。

另一方面，也是最重要的，每天除了上课时间以外，学生们大多在室外自由玩耍。上午，在教室里做完眼保健操后，学生们要到操场上跑步、做体操。即使是上课，也有三分之一的课是在室外上的，如体育课、自然观察课等。尽可能让学生们多在户外活动，多接触大自然，这正是范家小学的学生不戴近视眼镜的秘诀。

06 目前，预防和控制少年儿童近视的问题已经被提升到国家战略的高度。学生近视问题，不但严重影响孩子们的身心健康，而且关系到国家和民族的未来。预防和控制少年儿童近视是关系到全社会的一项战略工程、系统工程，需要各方面共同长期努力。

看来，如何保护好少年儿童的眼睛，范家小学的做法或许能给我们带来一些启示。

訳：国家衛生健康委員会が発表した2018年児童少年近視調査の結果によれば，

全体の近視率は53.6%，そのうち6歳児は14.5%，小学生は36%，中学生は71.6%，高校生は81%である。子どもたちの近視の状況が非常に深刻であることが分かる。

小学生が眼鏡をかけるという現象はますます普遍的になっている。各種の電子製品，特にスマホの急速な普及に伴って，子どもたちの視力の健康は新たな脅威にさらされている。一部の子どもはスマホゲームの中毒になり，授業時間以外はほとんどスマホを手放さない。先生は授業の際に，電子ホワイトボードを使い，宿題を出すのもかなりタブレット端末に頼っている。

四川省の范家小学校では，51名の在校生は1人も眼鏡をかけていない。范家小学校も授業の際にほかの学校と同様に，児童たちは先生の授業を聞くときには電子ホワイトボードを見て，練習問題をするときにもタブレット端末を使っている。しかし，電子製品の使用は管理されていて，タブレット端末の使用は教室での学習に限られており，放課後は先生たちがそれを回収することになっている。

また，最も重要なのは，毎日授業時間を除き，児童たちはほとんど屋外で自由に遊んでいるということである。午前中は，教室で目の保健体操をしたあと，児童たちは運動場に行ってジョギングや体操をすることになっている。授業といっても，体育や自然観察など3分の1の課目は屋外で行われる。児童たちにできるだけ多く戸外で活動させ，たくさん自然に触れさせること，これがまさに范家小学校の生徒が近視眼鏡をかけていない秘訣なのである。

現在，子どもたちの近視を予防し抑制する問題はすでに国家的戦略として捉えられるまでに至っている。生徒たちの近視問題は，子どもたちの心身の健康に深刻に影響するだけでなく，国家や民族の未来に関わることでもある。子どもたちの近視を予防し抑制することは社会全体に関わる戦略的プロジェクトであり，体系的プロジェクトであるので，各方面が共同して長期間にわたり努力する必要がある。

子どもたちの目をいかに保護するかということに関して，范家小学校のやり方は，わたしたちに何らかの示唆を与えてくれているのかもしれない。

07 (1) 問：根据2018年全国少年儿童近视率的调查结果，以下哪一项是正确的?

(2018年における全国の子どもたちの近視率調査結果によれば，次のどれが正しいか。)

答：① 高中生的近视率低于总体近视率。

(高校生の近視率は全体の近視率より低い。)

② 初中生的近视率高于高中生的近视率。
（中学生の近視率は高校生の近視率より高い。）

❸ **小学生的近视率低于总体近视率。**
（小学生の近視率は全体の近視率より低い。）

④ 6 岁儿童的近视率高于小学生的近视率。
（6 歳児の近視率は小学生の近視率より高い。）

08 (2) 問：少年儿童的视力健康面临的新威胁是什么？
（子どもたちが直面している新たな脅威は何か。）

答：① 作业太多，少年儿童的负担过重。
（宿題が多すぎて，子どもたちの負担が重すぎる。）

❷ **少年儿童迷恋于手机游戏。**
（子どもたちはスマホゲームにはまっている。）

③ 游戏机太多，少年儿童难以选择。
（ゲーム機が多すぎて，子どもたちは選ぶのが難しい。）

④ 少年儿童上课时都玩儿手机。
（子どもたちは授業のときでもスマホで遊んでいる。）

09 (3) 問：范家小学采取什么办法来保护学生的眼睛？
（范家小学校はどんなやり方で児童の目を保護しているか。）

答：① 学生在上课的时候禁止使用平板电脑。
（児童が授業中にタブレット端末を使うことを禁止している。）

② 学生有三分之一的时间在教室里上课。
（児童は 3 分の 1 の時間は教室で授業を受ける。）

③ 让学生上体育课时做眼保健操或跑步。
（児童に体育の授業のときに目の保健体操やジョギングをさせる。）

❹ **让学生多参加户外活动，接触大自然。**
（児童の戸外活動を増やし，自然に触れさせる。）

10 (4) 問：为什么说保护好少年儿童的眼睛是一项战略工程？（なぜ子どもたちの目を保護することは戦略的プロジェクトであると言うのか。）

答：① 因为它跟少年儿童的学习成绩有关。
（子どもたちの学習成績と関係があるから。）

❷ **因为少年儿童是国家和民族的未来。**
（子どもたちは国家と民族の未来だから。）

③ 因为它是短期内可以完成的工程。
（短期間で成し遂げられるプロジェクトだから。）

④ 因为它需要学校重视自然观察课。
（学校が自然観察の授業を重視することを必要としているから。）

11 ⑸ 問：与本文内容相符的是以下哪一项？
（本文の内容と一致するものは，次のどれか。）

答：① 范家小学只有一名学生戴近视眼镜。
（范家小学校には近視眼鏡をかけている児童は 1 人しかいない。）

② 范家小学禁止在课余时间玩儿手机游戏。
（范家小学校は課外の時間にスマホゲームをすることを禁止している。）

❸ 范家小学的做法有助于保护少年儿童的视力。
（范家小学校のやり方は子どもたちの視力を保護するのに役立つ。）

④ 范家小学从来不给学生布置课外作业。
（范家小学校はこれまで児童に課外の宿題を出してこなかった。）

⑹～⑽の中国語

20 第 24 届中国国际教育展览会于 2019 年 3 月在北京开幕，来自英国、澳大利亚、波兰、韩国等 26 个国家和地区的 200 多所高校和教育机构参加了本次展览会。

从本次展览会的总体情况来看，前来咨询留学的人数与往年大致相同，但他们的年龄更多样化了，既有高中应届毕业生，也有大学生。特别值得注意的是，咨询去海外攻读硕士和博士的在职人员人数明显增加。他们的留学目的很明确，就是为了今后能从事更好的工作。

21 据韩国汉阳大学的工作人员介绍：“我们原以为咨询本科学习的人会比较多，但实际上，咨询攻读硕士和博士的人更多，而且有很多是在职人员。”

英国展区的负责人也说：“前来咨询的人中，有工作经验的人比应届毕业生多，他们的留学目的更为明确。因为英国的大学学制时间短，还提供网上授课，可在较短时间内完成学业，所以比较受在职人员的欢迎。”

22 另外，英国、美国、澳大利亚等国一直是中国学生的热门选择。近年来，东欧国家也吸引了不少中国学生去留学。这一方面是由于东欧国家的一些大学开始提供用英语授课的课程，另一方面是因为中国正在大力推动“一带一路”战略，加强与东欧国家建立合作伙伴关系。此外，留学费用要比英国和美国等发达国家便宜得多。有位张女士说：“我准备让儿子去波兰留学，主要考虑的是费用问题。”

综观本届中国国际教育展览会，有两点与以往有所不同，一是希望留学的在职人员的人数大幅增加，二是作为“一带一路”合作伙伴的东欧国家的人气持续上升。

訳：第24回中国国際教育展覧会が2019年3月に北京で開かれ，イギリス・オーストラリア・ポーランド・韓国など26の国と地域の200余りの大学や教育機関が参加した。

今回の展覧会の全体的な状況から見ると，留学の相談に来た人数はこれまでとほぼ同じであるが，彼らの年齢はより多様化し，新卒の高校生もいるし，大学生もいる。特に注目すべきは，外国へ修士課程や博士課程を学びに行く相談をする社会人の人数が明らかに増加していることである。彼らの留学目的は明確で，将来よりよい仕事に就くためである。

韓国の漢陽大学の職員は「わたしたちは学部で学ぶことを相談する人が比較的多いと思っていたが，実際には修士や博士課程で学ぶことを相談する人のほうが多く，しかもその多くが社会人です」と話している。

イギリスブースの責任者も「相談に来る人の中には，仕事の経験がある人が新卒者より多く，彼らの留学目的はよりはっきりしています。イギリスの大学は修業年限が短く，オンライン授業も提供していて，比較的短期間で学業を終えることができるので，社会人に人気があります」と言っている。

また，イギリス・アメリカ・オーストラリアなどは以前からずっと中国人学生に人気のある国であった。近年，東欧の国も多くの中国人留学生を引き付けている。これは一方では東欧諸国の複数の大学が英語で授業をする課程を提供し始めており，他方では中国が「一帯一路」戦略を強力に推し進めて，東欧諸国と協力パートナーシップを強めているからである。そのほかに，留学費用がイギリスやアメリカなどの先進国よりずっと安いこともある。張さんという女性は「わたしは息子をポーランドに留学させようと思っているのですが，主に考えるのは費用の点です」と話している。

今回の中国国際教育展覧会を全体的に見ると，2つの点で以前と異なっている。1つは留学を希望する社会人の数が大幅に増えていること，もう1つは「一帯一路」の協力パートナーとしての東欧諸国の人気が上昇し続けていることである。

23 (6) 問：本届中国国际教育展览会有多少国家和地区参加?
(今回の中国国際教育展覧会にはいくつの国と地域が参加したか。)

答：❶ **有 26 个国家和地区。**(26 の国と地域。)

② 有 24 个国家和地区。(24 の国と地域。)

③ 有 46 个国家和地区。(46 の国と地域。)

④ 有 200 个国家和地区。(200 の国と地域。)

24 (7) 問：来本届展览会咨询的人与往年相比有什么不同?
(今回の展覧会に相談に来た人は以前とどのような違いがあるか。)

答：① 应届大学毕业生明显减少。(大学新卒者が明らかに減少した。)

② 读硕士和博士的人开始减少。
(修士や博士課程で学ぶ人が減少し始めた。)

③ 应届高中毕业生比大学生多。(高校新卒者が大学生より多い。)

❹ **在职人员的人数明显增多。**(社会人の人数が明らかに増加した。)

25 (8) 問：为什么在职人员比较喜欢选择去英国留学?
(なぜ社会人はイギリスに留学することを比較的好んで選択するのか。)

答：① 因为可以选择的专业比其他国家多。
(選択できる専門がほかの国より多いから。)

② 因为网上上课就可以获得硕士学位。
(オンライン授業で修士学位を得ることができるから。)

❸ **因为学制时间短，还提供网上授课。**
(修業年限が短く，オンライン授業も提供されているから。)

④ 因为硕士和博士学位比较容易获得。
(修士や博士の学位が比較的容易に得られるから。)

26 (9) 問：张女士让儿子去波兰留学的主要理由是什么?
(張さんが息子をポーランドに留学させる主な理由は何か。)

答：① 在东欧国家也可以学好英语。
(東欧諸国でも英語をマスターできるから。)

❷ **留学费用比英美等国家便宜。**
(留学費用がイギリスやアメリカなどの国より安いから。)

③ 波兰交通方便，物价便宜。
(ポーランドは交通が便利で，物価が安いから。)

④ 波兰是中国重要的战略伙伴。
（ポーランドは中国の重要な戦略パートナーだから。）

27 ⑽ 問：与本文内容相符的是以下哪一项？
（本文の内容と一致するものは，次のどれか。）

答：① 咨询韩国汉阳大学的人大多是大学本科生。
（韓国の漢陽大学に相談する人は大多数が大学の学部生である。）

② 前来本届展览会咨询的人数比往年增多了。
（今回の展覧会に相談に来た人は例年より増えた。）

❸ **在职人员选择留学是为以后能找到更好的工作。**（社会人が留学を選択するのは，よりよい仕事に就くことができるようにするためである。）

④ 波兰等东欧国家比英美等发达国家更受欢迎。（ポーランドなどの東欧諸国はイギリスやアメリカなどの先進国よりも人気がある。）

2 **500字程度の文章を聞いたあと，指定された5か所の文を漢字で書き取ります。全体の内容を理解しながら，正しく漢字で書く能力を問います。**（各10点）

37 冬春季节转换之际，各大百货商店会悬挂出打折优惠的广告牌，大幅度降价销售冬季服装。(1)这种打折销售是商家的一种营销策略，在市场经营学上称之为季节性折扣。

可以说，(2)百货商店的特价销售活动，既是预报季节变化，也是在唤起消费欲望。本来冬季即将过去，不用再添冬装了，但是百货商店搞特价销售，许多人就会因为贪图便宜而买下来年冬季才穿的衣服。或许他们觉得这样来年冬天就不用再添置冬装了，但下一个冬天，还会有新的时尚冬装上市。(3)很多人可能会无法抵抗新时尚的诱惑，又不由自主地去购买一些冬装。

38 本来，我们应该按照自己的审美观来购置服装，但打折优惠搞乱了我们的审美意识，(4)人们往往会因为贪图便宜而买下很多不太符合自己审美观的服装。也就是说，由于贪求便宜，人们对美的要求也会跟着打了折扣。

39 一年四季，周而复始，这是自然界的规律。我们应该顺应自然界的变化，既然春天已经来临，就不必留恋冬季的残雪，更不用为下一个冬天做过多的准备。在春暖花开之际，(5)与其逛街购买闲置的冬装，还不如去郊外享受春天明媚温暖的阳光。

让我们以泰然自若的心态走过打折的广告牌，保持一种不被打折降价所动的自然心境吧！

訳：冬から春への季節の転換期には，各大手デパートはバーゲンの広告を掲げ，冬服の大幅なバーゲンセールを行う。(1)この種のバーゲンセールは業者の販売戦略で，マーケティング・マネージメントではシーズン・バーゲンと呼ばれている。

(2)デパートの特価販売イベントは，季節変化の予報でもあるし，消費欲望の喚起でもあると言える。もともと冬はもうすぐ過ぎ去るのだから，もう冬物を買い足す必要はないのである。しかしデパートは特価販売を行い，多くの人は安さにつられ来年の冬に着る服を買うのである。彼らはそうすれば来年の冬はもう冬物を買い足す必要がなくなると思うのかもしれない。しかし次の冬にも新しい流行の冬物が出回るはずだ。(3)多くの人は新しい流行ファッションの誘惑に負けて，また何着かの冬物を思わず買ってしまうかもしれない。

もともと，わたしたちは自分の審美眼に基づいて服を購入すべきであるが，割引優待がわたしたちの審美眼を狂わせてしまう。(4)人々は往々にして安さにつられて多くのあまり自分の審美眼に合わない服を買ってしまう。つまり，安さにつられて，人々の美に対する要求も一緒に割引されてしまうのである。

一年の四季は繰り返される。これは自然界の法則である。わたしたちは自然界の変化に順応すべきである。春がもう来たからには，冬の残雪に未練を持つ必要はなく，次の冬のために過大な準備をする必要などさらにない。春暖の花咲くころ，(5)街をぶらついて使わずに置いておく冬物を買うよりも，郊外に行って春の明るく暖かい陽光を楽しむほうがよい。

泰然自若の気持ちでバーゲンの看板をやり過ごし，バーゲンセールに惑わされることなく，自然な心境を保とうではないか。

40 (1) 这种打折销售是商家的一种营销策略，在市场经营学上称之为季节性折扣。

41 (2) 百货商店的特价销售活动，既是预报季节变化，也是在唤起消费欲望。

42 (3) 很多人可能会无法抵抗新时尚的诱惑，又不由自主地去购买一些冬装。

43 (4) 人们往往会因为贪图便宜而买下很多不太符合自己审美观的服装。

44 (5) 与其逛街购买闲置的冬装，还不如去郊外享受春天明媚温暖的阳光。

筆　記 （⇨問題69頁）

1　800 字程度の文章を読み，流れをつかんで適当な語句を補う 8 問，正しいピンインを選ぶ 1 問，内容の理解を問う 1 問に答えます。語句の知識と読解力を問います。

（各 2 点）

解答：(1) ❸　(2) ❷　(3) ❸　(4) ❸　(5) ❷　(6) ❷　(7) ❸　(8) ❸　(9) ❸　(10) ❸

我的生日在夏天。(1)照／按／依 阳历算，是在最热的 7 月初。从那一天开始，我成为一个“人”，在地球的生命中，就有了一个“我”。所以，生日是唯独属于自己的一个节日；世界上似乎也只有一个人与你的生日有关，那就是生育你的母亲。

我小时候过生日，都是在期末考试的关键时刻，所以弄得我很不愉快。好几次，生日已经过去了，我才想起来，就 (2)缠 着妈妈要补过生日，妈妈便笑嘻嘻地拿出早已准备好的生日礼物给我——差不多总是一本精美的书或者是一支钢笔。

那时家里经济不太宽裕，整盒的圆形奶油大蛋糕就是我生日的梦想。偶尔也让大人带着，到西餐厅买一小块切好的长方形蛋糕。虽然上面的奶油花纹已经支离破碎，我却 (3)心满意足，还把沾上奶油的手指舔了又舔。

19 岁那年初夏，正值“文革”初期，我下乡到了黑龙江北大荒的一个农场，从此就把生日忘在了杭州老家。离开母亲就像离开了自己的生日 (4)似的，再也没有人会来关心你曾经是在哪一天来到人间或是你对于人间的印象如何。就连我自己也在终日的劳累和挫折中，淡漠、疏忽了对自己的兴趣。

忽然有一天，我收到一封厚厚的信，信中夹着一 (5)方 雪白的真丝手绢，手绢的一角用红色的丝线绣着一行拼音字母——Kangkang。我 (6)顿时 眼眶一热，差点儿就落下泪来。字母是妈妈亲手绣的，绣的是我的名字。妈妈说：“家人在这一天，为祝贺你的生日，(7)特地 吃了面条。万里之遥，只能寄个小礼物，表示全家人的一点儿心意。”

我终于觉得自己还活在世上，还被人(8)惦念 diànniàn 着，还能受人重视。这一日，我就突然兴奋、振作起来。我想着生日对自己生命的提醒与珍爱，心中感到有了初始的自信。我恍然记起我的年龄，不过是二十几岁，人生尚且漫长，(9)纵然 不是为自己，为了感谢在这一日痛苦挣扎中生养我的母亲，我 (9)也 要踏踏实实地过好未来的每一天，过好每一年的这个日子。

訳：わたしの誕生日は夏である。太陽暦で数えると，最も暑い7月の初めである。その日からわたしは1人の「人間」となった。地球の生命の中で1人だけの「わたし」が生まれたのである。それゆえ，誕生日は自分だけに属する祝日である。世界で自分の誕生日と関係のある人は，たった1人しかいないであろう。それはほかでもない自分を生んでくれた母である。

わたしは子どものころ誕生日がちょうど期末試験の大事な時期にぶつかり，いつもとても不愉快な思いをした。何度も，誕生日がすでに過ぎてから，わたしはやっと思い出して，母にすがって誕生日のお祝いをもう1度してくれるように頼んだ。母はニコニコしてとっくにちゃんと準備してくれていた誕生日プレゼントを取り出してわたしにくれた。それはいつも決まってきれいな本か万年筆であった。

そのころ家は経済的にあまり豊かではなく，ちゃんとした箱に入った大きな丸いクリームケーキはわたしの誕生日の夢であった。たまに大人に連れられて，西洋レストランに行って小さく切られた長方形のケーキを買ってもらった。上のクリームの模様はすでにめちゃくちゃであったが，わたしはとても満足して，クリームのついた指を何度もなめた。

19歳の年の初夏，ちょうど「文革」の初期で，わたしは黒龍江省の北大荒のある農場に行った。それ以来，誕生日を杭州の実家に置き忘れてしまった。母から離れたことは自分の誕生日から離れたようなもので，自分がいつこの世の中に来たのか，あるいは自分のこの世の中に対する印象はどうなのかということを気遣ってくれる人はもういないのである。わたし自身ですら丸一日の労働の疲れと挫折の中で，自分に対する興味が薄れ，おろそかになっていった。

ある日突然，わたしは1通の分厚い手紙を受け取った。手紙の中には真っ白な絹のハンカチが挟んであり，ハンカチの一隅には赤い糸でKangkangという1行のピンインが刺しゅうしてあった。わたしはすぐに目頭が熱くなり，涙がこぼれ落ちそうになった。この文字は母が手ずから刺しゅうしたもので，それはわたしの名前である。母は「家族はこの日，あなたの誕生日を祝うために，特別に麺を食べた。万里の距離を隔て，小さなプレゼントしか送れないが，これは一家のささやかな気持ちを表している」と書いてきた。

わたしはついに自分がまだ世の中に生きていて，まだ誰かに思われており，誰かに大切にされていることを感じた。この日，わたしは急に興奮し，元気が出てきた。わたしは誕生日が自分の命について注意を促し，それを大切にすべきことに気付かせてくれたことに思い至り，初めて自信を持てたと心の中で感じた。わたしはふと自分の年齢を思い起こした。まだ20数歳にすぎず，人生はまだ長い。たとえ自分のためではなくても，この日に痛み苦しみもがく中で，わたしを生み育ててくれた母に感謝するためにも，わたしはこれからの日々をちゃんと過ごし，毎年この日を有意義に過ごさなくてはいけないのだ。

⑴ 空欄補充（不適当）

① 照 zhào　② 按 àn　❸ 朝 cháo　④ 依 yī

介詞の問題です。①は「…のよりどころに照らして」，②は「…に基づいて」，③は「(…の方向) に向かって」，④は「…によって」という意味です。③は後ろに方位詞や場所を表す語を目的語として置きます。“阳历”と組み合わせて用いることはできません。

⑵ 空欄補充

① 绕 rào　❷ 缠 chán　③ 挡 dǎng　④ 望 wàng

動詞の問題です。①は「巻く，ぐるぐる回る，迂回する」，②は「つきまとう」，③は「遮る，覆う」，④は「眺める，望む」という意味です。「母にすがって」という文脈から②を選びます。

⑶ 空欄補充

① 心血来潮 xīnxuè-láicháo　② 心悦诚服 xīnyuè-chéngfú

❸ 心满意足 xīnmǎn-yìzú　④ 心领神会 xīnlǐng-shénhuì

四字熟語の問題です。①は「何かの考えがふとひらめく」，②は「心から承服する」，③は「すっかり満足する」，④は「以心伝心で悟る」という意味です。文脈から③を選びます。

⑷ 空欄補充

① 相似 xiāngsì　② 恰似 qiàsì　❸ 似的 shìde　④ 似乎 sìhū

①は「似ている」という意味の形容詞，②は「あたかも…のようだ」という意味の動詞，③はよく“好像…似的”の形で用いて「まるで…のようだ」という意味を表す助詞，④は「…らしい」という意味の副詞です。“像”と呼応して用いる③が正解です。

(5) 空欄補充

① 张 zhāng　❷ 方 fāng　③ 幅 fú　④ 片 piàn

量詞の問題です。①は紙や机，口，顔，弓など，②は四角い形をしたもの，③は絵画や布地など，④は食パンや薬など平たい形のものを数える場合に用います。ハンカチを数える場合は②です。

(6) 空欄補充

① 及时 jíshí　❷ 顿时 dùnshí　③ 不时 bùshí　④ 临时 línshí

副詞の問題です。①は「時を移さず」，②は「にわかに」，③は「たびたび」，④は「そのときになって」という意味です。ハンカチの刺しゅうを見て「にわかに目頭が熱くなった」という文脈から②が正解です。

(7) 空欄補充

① 蓦地 mòdì　② 随意 suíyì　❸ 特地 tèdì　④ 故意 gùyì

①は「不意に」，②は「思いのままに」，③は「わざわざ」，④は「わざと」という意味の副詞です。「誕生日を祝うために，特別に麺を食べた」という文脈から③が正解です。

(8) ピンイン表記

① tiànniàn　② tiànnian　❸ diànniàn　④ diànnian

“惦念”は「気にかける，心配する」という意味の動詞です。

(9) 空欄補充

① 任凭…也… rènpíng… yě…　② 既然…还… jìrán… hái…

❸ 纵然…也… zòngrán… yě…　④ 除非…才… chúfēi… cái…

①は条件関係を表す複文に用いて「…にかかわらず」という意味です。“任凭”は主語の前のみに用います。②は因果条件の複文に用いて「…するからには」あるいは「…である以上」，③は仮定や譲歩関係を表す複文に用いて「たとえ…でも」という意味です。“纵然”は“即使”と同じ意味で書き言葉として用います。④は条件関係の複文に用い，ある条件が唯一の前提であることを強調し「…しないかぎり…しない」という意味です。文脈から譲歩関係を表す③を選びます。

⑽ 内容の不一致

① 我作为“人”一出生就是地球生命中的一分子。
（わたしは「人間」として生まれた瞬間に地球生命の中の一分子である。）

② 我小时候即使生日过了，母亲也会补给我礼物。
（わたしが子どものころ，たとえ誕生日が過ぎてしまっても，母はあとからわたしにプレゼントをくれた。）

❸ **我下乡去农场后，母亲再也没有给我过过生日。**（わたしが農場に行ったあと，母はもうわたしのために誕生日を祝ってくれることはなかった。）

④ 过好自己的每个生日是对父母养育之恩的报答。
（自分の毎年の誕生日をちゃんと祝うことは，両親が生み育ててくれた恩に対して報いることである。）

①は第1段落の“从那一天开始，我成为一个‘人’，在地球的生命中，就有了一个‘我’”，②は第2段落の内容，④は最終段落の“纵然不是为自己，为了感谢在这一日痛苦挣扎中生养我的母亲，我也要踏踏实实地过好未来的每一天，过好每一年的这个日子”とそれぞれ一致します。③は最後から2段落目の内容と一致しません。

2 適当な語句を補います。読解力と語句の知識を問います。　（各2点）

解答：⑴❶　⑵❷　⑶❸　⑷❸　⑸❹　⑹❶　⑺❷　⑻❹　⑼❸　⑽❶

⑴ 他的这句话让我心里感到（ 踏实 ）了许多。
（彼の一言でわたしは気持ちがずいぶん落ち着いた。）

❶ 踏实 tāshi　② 结实 jiēshi　③ 朴实 pǔshí　④ 厚实 hòushí

①は「（気持ちが）落ち着いている」，②は「（物や体が）丈夫である」，③は「質素である」，④は「分厚い」という意味です。“心里感到”の目的語として適当な①が正解です。

⑵ 他们对那个事件的说法与我们的理解（ 截然 ）不同。
（彼らの事件に対する見方は，わたしたちの理解とは全く違う。）

① 超然 chāorán　❷ 截然 jiérán　③ 油然 yóurán　④ 坦然 tǎnrán

①は「超然としている」，②は「明らかに」，③は「思わず知らず」，④は「平然としている」という意味です。文脈から「見方が全く違う」という意味になる②が正解です。

(3) 对这个领域我只是知道一些（ 皮毛 ），谈不上有什么研究。

（わたしはこの分野については，ただ表面的なことを知っているだけで，研究などとは言えません。）

① 皮肉 píròu　② 毛皮 máopí　❸ 皮毛 pímáo　④ 毛发 máofà

①は日本語の「皮肉」とは違い「肉体」，②は「毛皮」，③も「毛皮」ですが，比喩的に「表面的な知識」を表し，④は「毛髪」という意味です。文脈から③が正解です。

(4) 出了一个星期的差，一大（ 堆 ）事情等着我处理。

（1 週間出張したので，処理しなければならない仕事が山のようにたまっている。）

① 件 jiàn　② 顿 dùn　❸ 堆 duī　④ 打 dá

①は事柄や上着類など，②は食事・忠告・叱責・殴打などの動作，③はうず高く積んであるものや群れを数える量詞です。④は“dá”と第 2 声に発音し「ダース」という意味です。「処理しなければならない仕事が山のようにたまっている」という文脈から③が正解です。

(5) 不知是什么原因，最近小王上课总是（ 走神儿 ），注意力不集中。

（なぜだか知らないけれど，最近王さんは授業中いつもうわのそらで，注意力が欠けている。）

① 走调儿 zǒudiàor　② 走道儿 zǒudàor

③ 走味儿 zǒuwèir　❹ 走神儿 zǒushénr

①は「調子が外れる」，②は「道を歩く」，③は「味や香りが抜ける」，④は「気が散る」という意味です。“注意力不集中”と符合する④が正解です。

(6) 他俩是舞台上的（ 老搭档 ）了，所以演起戏来配合得天衣无缝。

（彼ら二人は舞台で長いコンビなので，ぴったりと呼吸の合った演技ができる。）

❶ 老搭档 lǎodādàng　② 老油条 lǎoyóutiáo

③ 老相识 lǎoxiāngshí　④ 老字号 lǎozìhao

①は「長年一緒にやってきた相棒」，②は「古だぬき」，③は「ずっと以前からの知り合い」，④は「老舗」という意味です。文脈から①が正解です。

⑺ 这部电视连续剧剧情引人入胜，每一集都很（　吊胃口　）。（この連続テレビドラマはストーリーに人を引き付けるものがあって，毎回気を持たせる。）

① 倒胃口 dǎo wèikou　　❷ 吊胃口 diào wèikǒu
③ 寻开心 xún kāixīn　　④ 开玩笑 kāi wánxiào

①は「食欲をなくす，うんざりする」，②は「興味をかきたてる，欲望をそそる」，③は「人をからかって楽しむ」，④は「冗談を言う」という意味です。「ストーリーが人を引き付ける」を受けて②が正解です。

⑻ 你把事情想得那么糟糕，这也（　未免　）太悲观了吧！
（あなたは物事をとても悪く考えるけれど，悲観的すぎるのではないですか。）

① 未必 wèibì　② 免得 miǎnde　③ 务必 wùbì　❹ 未免 wèimiǎn

①は「必ずしも…ではない」，②は「…しないで済むように」，③は「ぜひ，必ず」，④は「…のきらいがある」という意味です。文脈から④が正解です。

⑼ 你去帮他一下吧！这件事挺棘手的，（　何况　）他又是个新手。（彼を助けてあげなさい。これはとてもやっかいなことで，まして彼は新米なのだから。）

① 宁肯 nìngkěn　② 任凭 rènpíng　❸ 何况 hékuàng　④ 无非 wúfēi

①は「むしろ…しても」，②は「…にせよ」，③は「まして…は言うまでもない」，④は「ただ…しかない」という意味です。文脈から③が正解です。

⑽ 我初来乍到，（　人地生疏　），还请大家多多关照。（わたしは当地は初めてで，土地不案内ですから，皆さま，よろしくご指導ください。）

❶ 人地生疏 réndì-shēngshū　　② 人财两空 réncái-liǎngkōng
③ 耸人听闻 sǒngréntīngwén　　④ 人言可畏 rényán-kěwèi

①は「知り合いもなく土地にもなじみがない」，②は「人はいなくなり，財産も無くしてしまう」，③は「人の耳目をそばだたせる」，④は「人の口は恐ろしい」という意味です。“初来乍到”を受けて①が正解です。

3 正しく解釈した文を選びます。語句の意味についての知識を問います。(各2点)

解答：(1)❷　(2)❸　(3)❷　(4)❹　(5)❶　(6)❸　(7)❶　(8)❷

(1) 她怕碰一鼻子灰，话到了嘴边，又吞了下去。(彼女は面目丸つぶれになることを恐れて，のどまで出かかったことばを飲み込んでしまった。)

① 比喻言语激烈，不管别人的面子。
(ことばがきつくて，他人のメンツを気にしないことをたとえる。)

❷ 比喻遭到拒绝或斥责，落个没趣。
(拒絶あるいは叱責されて，メンツを失うことをたとえる。)

③ 比喻说话粗鲁无礼，伤害别人。
(話し方が粗野かつ無礼で，他人を傷つけることをたとえる。)

④ 比喻说话谨慎小心，不敢放言。
(話し方が慎重で注意深く，放言しないことをたとえる。)

“碰一鼻子灰”は「不興を買ってつまらない思いをする」という意味です。

(2) 困难就像石头，对于弱者它是绊脚石，对于强者它是垫脚石。
(困難は石のようなものであり，弱者にとってそれは足かせであり，強者にとってそれは足がかりである。)

① 比喻登山途中的巨型石块。(登山途中の大きな石をたとえる。)

② 比喻让弱者变得更弱的事物。(弱者をより弱くする事物をたとえる。)

❸ 比喻阻碍前进的人或事物。(前進を妨げる人や事物をたとえる。)

④ 比喻让强者变得更强的事物。(強者をより強くする事物をたとえる。)

“绊脚石”は「足かせ，邪魔もの」という意味です。

(3) 现在商业诈骗事件频频发生，防不胜防，搞得大家草木皆兵。
(現在，ビジネス上の詐欺事件が頻発していて，防ごうにも防ぎきれず，みな疑心暗鬼になっている。)

① 形容人焦虑时惊恐万状。(人が焦ったとき,恐れおののくさまを形容する。)

❷ 形容人惊慌时疑神疑鬼。
(人が驚き慌てたとき，やたらにあれこれ疑うことを形容する。)

③ 形容人受骗时火冒三丈。
(人がだまされたとき，かっとなることを形容する。)

④ 形容人消沉时沉默寡言。
（人が消沈したとき，沈黙してしまうことを形容する。）

“草木皆兵”は「恐怖のあまり，草も木もみな敵兵に見え，ひどくおびえる」という意味です。

⑷ 他的报告陈词滥调太多，怎能引起听众的兴趣呢？（彼の講演は古くさく，ありきたりの内容だから，どうして聴衆の興味を呼ぶことができようか。）

① 指难懂的词语非常多。（分かりにくい語句が非常に多いことを指す。）

② 指说话音调太慢太弱。（話の調子が遅すぎ，弱すぎることを指す。）

③ 指陈述事情漫无边际。（話が際限がないことを指す。）

❹ 指陈旧而不切实际的话。（古くさくて実際にそぐわない話を指す。）

“陈词滥调”は「古くさくて中身のないことば」という意味です。

⑸ 这件事大家都得全力以赴地干，谁也别想吃现成饭！（この事は皆が全力で当たらなくてはならず，労せずして甘い汁を吸おうなどと思ってはならない。）

❶ 比喻自己不出力而享受别人的劳动果实。
（自分は力を出さず，他人の労働の成果を享受することをたとえる。）

② 比喻自己出了力而不能享受应得的劳动果实。（自分で力を出しても，当然得るべき労働の成果を享受できないことをたとえる。）

③ 比喻自己不想出力也不想吃别人做的饭。（自分は力を出したくないし，他人が作るごはんも食べたくないことをたとえる。）

④ 比喻自己做的饭不想白白地让别人吃。
（自分が作るごはんを他人にむざむざ食べさせたくないことをたとえる。）

“吃现成饭”は「出来合いの飯を食う」ということから「苦労せずにうまい汁を吸う」という意味です。

⑹ 俗话说得好，靠山吃山，靠水吃水，我们农民种好庄稼才是本分。
（ことわざはうまいことを言っている。山に近ければ山によって暮らし，水辺に近ければ漁によって暮らす，と。われわれ農民は農作物を育てることこそ本分だ。）

① 比喻为了实现某种目的，充分利用自然山水的有利条件。
（ある目的を実現するために，自然の山水の有利な条件を十分に利用することをたとえる。）

② 比喻为了种好农作物，农民必须多开垦周围的土地资源。

（農作物を育てるために，農民は周りの土地資源をたくさん開墾しなければならないことをたとえる。）

❸ 比喻为了实现某种目的，充分利用周围现成的有利条件。
（ある目的を実現するために，周りの今ある有利な条件を十分に利用することをたとえる。）

④ 比喻为了种好农作物，农民必须尽量利用周围的水资源。
（農作物を育てるために，農民は周りの水資源をできるだけ利用しなければならないことをたとえる。）

“靠山吃山，靠水吃水”は「山辺の者は山に糧を求め，水辺の者は水を頼りに暮らしを立てる」，つまり「目的のためにその場の有利な条件を頼りとする」という意味です。

(7) 我们要找到问题的关键所在，不能头痛医头，脚痛医脚。
（わたしたちは問題の重点の在りかを見つけ出さなくてはならず，その場しのぎの対症療法ではいけない。）

❶ 比喻对问题不从根本上解决，只在表面上应付。（問題に対して根本的に解決しようとしないで，表面的にだけ対処することをたとえる。）

② 比喻对问题积极应对，解决得很彻底。
（問題に対して徹底的に対処し，徹底的に解決することをたとえる。）

③ 比喻对问题对症下药，逐一加以解决。
（問題に対して対症療法し，一つずつ解決することをたとえる。）

④ 比喻对问题的解决信心不足，延误时机。
（問題の解決に自信を欠き，時機を失することをたとえる。）

“头痛医头，脚痛医脚”は「頭が痛いと頭を治し，足が痛いと足を治す」，すなわち「問題を根本的に解決しないで，その場を繕って一時逃れをする」という意味です。

(8) 他刚走上工作岗位，书生气十足，以为只要有热情就能把事情办好。
（彼は仕事に就いたばかりで，書生臭さが抜けず，情熱さえあれば事をうまくやれると思っている。）

① 指某些人天生就具有一种常人所没有的气质。（一部の人は普通の人が持っていない気質を生まれつき備えていることを指す。）

❷ 指某些读书人只注重书本、脱离实际的习气。（一部の知識人の，書物に

書かれていることだけを重視し，実情から遊離している習性を指す。）

③ 指某些人天生就具有一种热情奔放的品质。

（一部の人は生まれつき情熱あふれる性格を持っていることを指す。）

④ 指某些读书人有具体问题具体对待的能力。（一部の知識人は個別の問題には個別に対処する能力を持っていることを指す。）

“书生气”は「（世事に疎い）書生かたぎ，学究肌」という意味です。

4 **600字程度の文章を読み，2か所のピンインを漢字に改め，3つの文を日本語に訳します。全体の内容を理解しながら，正しく漢字で書く能力，日本語の翻訳力を問います。** ((1)(ア)(イ)各2点，(2)(a)(b)各7点，(c)6点)

家庭是什么？家庭是你有父母；家庭是你有孩子；家庭是你有伴侣。

不知你是否发现，一个人无论年龄多大，只要父母健在，他们在父母面前就永远是孩子。人这一生，都需要父母。你年少时，需要他们的教育和培养；你年长后，需要他们见证你的成长和(ア) huīhuáng 辉煌，在你人生遇到挫败时，需要他们对你的陪伴和安慰。所以，(a)请善待你的父母，因为有他们在，你的奋斗和努力才更具有意义和价值。

孩子需要父母，父母也离不开孩子。因为孩子能帮我们找回童心，找回好奇心，找回最单纯的快乐；因为孩子让我们在繁忙的工作之外能找到人生的慰藉和支撑；(b)因为无论我们对孩子如何严厉，哪怕偶尔发生争执，父母永远是孩子们最爱的人。珍惜你和孩子在一起的美好时光，抽空儿多陪陪他们吧。因为孩子很快就会长大。

幸福的家庭，不能没有能够互相理解和体谅的伴侣。对于大多数人来说，婚姻不只是有福同享，更需要的是(イ) fēngyǔ-tóngzhōu 风雨同舟。(c)不嫌你两鬓斑白，依旧与你朝夕相处、冷暖与共的人，就是你该珍惜的伴侣。

我们为什么如此需要家庭？这是因为家是我们身心的港湾，更是我们生活中最大的满足和快乐。愿你我都能学会善待父母，爱护孩子，珍惜伴侣，享受这看似平凡却是最珍贵的幸福吧！

訳：家庭とは何か。家庭には親がいて，家庭には子どもがいて，家庭には伴侶がいる。

あなたはお気付きになるかどうかは分からないが，人はいくつになっても親が健在であるかぎり，その人は親の前ではいつまでも子どもなのである。人が人生を送っていくには，誰でも親が必要である。子どものころは，親の教育と養育が必要であり，大きくなると，親があなたの成長と輝かしい成果を見守ってくれることが必要である。あなたが人生で挫折に遭ったとき，親があなたに付き添い慰めてくれることが必要である。それゆえ，(a)どうかあなたの両親を大切にしてほしい。両親がいるからこそあなたの頑張りと努力は，初めていっそうの意義と価値を持つのだから。

子どもは親が必要であり，親も子どもから離れられない。それは，子どもはわたしたちが童心を取り戻し，好奇心を取り戻し，最も単純な楽しみを取り戻すことを助けてくれるからだ。子どもはわたしたちが忙しい仕事のほかに人生の慰めと支えを見つけることができるようにしてくれるからである。(b)わたしたちが子どもに対してどんなに厳しく，たとえたまには言い争うとしても，親はいつまでも子どもたちの最愛の人だからだ。あなたと子どもが一緒にいるすばらしいときを大切にし，時間を割いて子どもたちと多く一緒にいるようにしなさい。子どもはすぐに大きくなってしまうのだから。

幸福な家庭は，互いに理解し同情し合う伴侶がいなくてはならない。大多数の人にとって，結婚は共に享受する幸福があるだけでなく，より必要なのは苦難を共にすることである。(c)鬢が白髪交じりになっても，相変わらずあなたと朝夕を共にし，寒さ暑さを共にする人こそが，あなたが大切にすべき伴侶なのだ。

わたしたちはなぜこのように家庭が必要なのだろうか。それは家はわたしたちの心身の港であり，わたしたちの生活の中の最大の満足と楽しみでもあるからだ。あなたもわたしも両親を大切にし，子どもをいとおしみ，伴侶を大事にし，平凡に見えて最も貴重な幸せを享受しようではないか。

(ア)・(イ)，(a)～(c)上記を参照

(ア)“辉煌”は「光り輝く」，(イ)“风雨同舟”は「困難を共に切り抜ける」ことを表す成語です。

(a)“善待”は「よく対応する」ということから「大切にする」という意味です。“…，因为…”は“善待你的父母”の理由を後ろから補充して説明しています。

(b)“无论”は「どんなに…であっても」，“哪怕”は「たとえ…としても」という意味です。

(c)“嫌”は「嫌う」ですから，その否定“不嫌”は「いとわない」です。“就是”は「ほかでもない…である」という強調表現です。

5 100字程度の日本語の文章2題を中国語に訳します。会話，手紙，論説などの少しまとまった長さの文章を組み立てる能力を問います。 (各10点)

⑴ 2019年4月，新しい『出入国管理法』が施行された。この法律を巡っては賛否両論があるが，いずれにせよ，新しい法律が運用され，日本で暮らす外国人の数が増えるにつれて，社会に変化が生じていくだろう。

2019年4月，新的《出入国管理法》实施了。围绕这一法律，有赞成与反对的两种意见。无论怎样，随着新法律的实施，在日本生活的外国人数的增加，社会将会发生变化。

日本語では「施行された」は受け身表現ですが，“被施行了”とする必要はなく，“实施了”“出台了”“施行了”とします。「…を巡って」は“围绕…”，「…につれて，変化が生じていくだろう」は“随着…，(将) 会发生变化”と訳します。

⑵ たとえより多く稼いだとしても，毎日疲れ果てて，自分の教養を高める時間もなく，家族団らんの時間さえ持てないのでは，人間らしい豊かな生活とは言えない。

即使钱赚得再多，如果每天过度劳累，没有时间提高自己的教养，甚至连一家人团聚的时间都没有的话，就不能说是正常人的充实生活。

「たとえより多く稼いだとしても」は“即使钱赚得再多”“就算你赚到了更多的钱”のように訳します。「疲れ果てて」は“过度劳累”“劳累过度”“筋疲力尽”“疲劳不堪”，「…さえ持てないのでは」は“甚至连…都没有的话”とします。「…とは言えない」は“不能说…”または“称不上…”を用います。

1 級第 101 回

(2020 年 11 月)

問　題

リスニング……………………………………98

筆　記……………………………………………101

解答時間：計 120 分

配点：リスニング 100 点，筆記 100 点

解答と解説

リスニング……………………………………108

筆　記……………………………………………117

リスニング （⇨解答と解説108頁）

03 **1** 中国語を聞き，(1)～(10)の問いの答えとして最も適当なものを，①～④の中から1つ選びなさい。（50点）

メモ欄

04

12

05

13

06

14

07 (1)

15 ①　②　③　④

08 (2)

16 ①　②　③　④

09 (3)

17 ①　②　③　④

10 (4)

18 ①　②　③　④

11 (5)

19 ①　②　③　④

20 メモ欄
28

21
29

22
30

23 (6)
31 ① ② ③ ④

24 (7)
32 ① ② ③ ④

25 (8)
33 ① ② ③ ④

26 (9)
34 ① ② ③ ④

27 (10)
35 ① ② ③ ④

36 **2** 中国語を聞き，その中から指定された５か所を漢字で書き取りなさい。 (50 点)

37 メモ欄

45

38

46

39

47

40

41

42

43

44

筆　記　（⇨解答と解説116頁）

1　次の文章を読み，(1)～(10)の問い の答えとして最も適当なものを，①～④の中から1つ選びなさい。　（20点）

前段时间有一句话击中了不少现代人的内心，那就是：生活不止眼前的(1)苟且，还有诗和远方。跟“世界那么大，我想去看看”一样，它 [(2)] 的是当下中国中产阶层对远方的一种渴望。

向往远方，意味着他们对眼前生活的不满和厌倦。职场上的激烈竞争、复杂的人际关系、超快的生活节奏、[(3)] 的住房、早已成为常态的交通拥堵等等。这些让都市白领疲惫不堪、[(4)]。他们要挣脱现实，到远方去寻找美好与自由。

都市白领渴望的远方是充满非日常因素的地方，是对现实秩序之外的 [(5)] 想象。他们不会扎根于远方，过过眼瘾、拍拍照片之后，他们依然是行色匆匆的上班族。

面对现实的困厄，远方或许并非一劳永逸的 [(6)]。因为远方多半只是我们的想象，我们只是与我们不太了解的事物互为远方而已。也就是说，我们的“远方”其实就是当地人“眼前的苟且”。比如很长一段时间以来，媒体中有不少关于尼泊尔、不丹等“幸福”国家的报道。但事实上，尼泊尔和不丹都属于世界上最贫困的国家，贫穷是那里的常态，基础设施落后，人均寿命低于世界平均水平。只不过“远方”这枚滤镜屏蔽了当地人的困苦而已。

说起来，想象远方并没有错。只是有很多人犯了两个错误，一方面，他们将眼前的苟且与诗和远方 [(7)] 分割，使之对立起来，可实际上，眼前既有苟且，也有诗和远方；另一方面，他们又将诗和远方具象化了，在他们看来诗就是诗歌，远方必定是某个度假村或旅游胜地，而实际上呢，“诗和远方”更近于抽象意义上的概念，它可以 [(8)] 一种心灵空间和生活方式。远方可以是心灵的远方，即便囿于日常的 [(9)] 也不放弃对自由与美好的想象与追求。远方，也是一种生活方式，生活节奏再快，也应该给自己放空的时间，让自己慢下来、静下来。

有一句话说得好：“世界只有一种真正的英雄主义，那就是在认清生活的真相后依然热爱生活。”心有远方，热爱当下，这也是一种英雄主义。

⑴ 下線部⑴の正しいピンイン表記はどれか。

① xúnqiě　② xúnqiè　③ gǒuqiě　④ gǒuqiè

⑵ 空欄⑵を埋めるのに適当なものはどれか。

① 昭彰　② 昭示　③ 昭然　④ 昭雪

⑶ 空欄⑶を埋めるのに適当なものはどれか。

① 可望不可即　② 疾风知劲草　③ 万事开头难　④ 无可无不可

⑷ 空欄⑷を埋めるのに適当なものはどれか。

① 心甘情愿　② 心照不宣　③ 心悦诚服　④ 心烦意乱

⑸ 空欄⑸を埋めるのに適当なものはどれか。

① 尖刻　② 片刻　③ 即刻　④ 苛刻

⑹ 空欄⑹を埋めるのに適当なものはどれか。

① 赎罪　② 救赎　③ 救急　④ 赎买

⑺ 空欄⑺を埋めるのに適当なものはどれか。

① 浑然　② 纵然　③ 豁然　④ 截然

⑻ 空欄⑻を埋めるのに適当なものはどれか。

① 指涉　② 指望　③ 指摘　④ 指靠

⑼ 空欄⑼を埋めるのに適当なものはどれか。

① 鸡毛蒜皮　② 鸡鸣狗盗　③ 鸡犬升天　④ 鸡犬不宁

⑽ 本文の内容と**一致しないもの**はどれか。

① 许多人的烦躁主要源于紧张的城市生活。

② 很多人的理想与现实之间有较大的距离。

③ 只要不再烦躁，所谓的远方就无处不在。

④ 寻找远方的人是那些热爱现实生活的人。

2 (1)～(10)の中国語の空欄を埋めるのに最も適当なものを，①～④の中から1つ選びなさい。 (20点)

(1) 为了（　　　），老赵不得不做起了以前根本不屑一顾的粗活儿。

① 封口　② 缄口　③ 开口　④ 糊口

(2) 当年选择学习法律专业，我不过是（　　　）而已，并没考虑太多。

① 冤大头　② 傍大款　③ 随大溜　④ 挑大梁

(3) 平时看上去很（　　　）的伊藤同学，这次的表现太令人感到意外了。

① 木讷　② 木条　③ 木桩　④ 木鱼

(4) 看到老李这么恳求自己，我也只好（　　　）答应下来了。

① 生拉硬扯　② 硬着头皮　③ 软硬兼施　④ 死记硬背

(5) 真没想到，在去年的三次国际大赛中，小王竟然两次（　　　）。

① 折服　② 折扣　③ 折合　④ 折桂

(6) 这番话击中了他的（　　　），使得他不得不改变了自己的态度。

① 鸡肋　② 肋骨　③ 软肋　④ 软件

(7) 有什么困难你尽管说，我们绝不会（　　　）的。

① 坐井观天　② 袖手旁观　③ 洞若观火　④ 叹为观止

(8) 听到这个消息以后，她的脸上露出了十分（　　　）的表情。

① 发丧　② 扶丧　③ 治丧　④ 沮丧

(9) 不断上涨的物价让不少本就不太富裕的家庭有些（　　　）了。

① 吃不消　② 吃不动　③ 吃不准　④ 吃不透

(10) 我小的时候，家里长时间过的是（　　　）的生活。

① 捕风捉影　② 贼喊捉贼　③ 捉襟见肘　④ 不可捉摸

3 ⑴～⑻の中国語の下線部の説明として最も適当なものを，①～④の中から１つ選びなさい。 （16点）

⑴ 这次去北京旅行的开销远远超出了我们的计划。

① 指的是所需的时间。

② 指的是所需的费用。

③ 指的是参与的人数。

④ 指的是实施的项目。

⑵ 他们俩可谓是莫逆之交，别人的几句话根本无法改变两人的关系。

① 彼此情投意合，非常相好。

② 彼此水火不容，相互仇恨。

③ 双方从未谋面，互不相识。

④ 二人接触很少，交情不深。

⑶ 我们公司现在是一个萝卜一个坑，你还是另想办法吧。

① 比喻担任重要工作的人很多。

② 比喻岗位很多而工作人员少。

③ 比喻每个岗位都有固定的人。

④ 比喻不少人没什么工作可做。

⑷ 退休以后李老师还隔三岔五地来学校图书馆看书、查资料。

① 如饥似渴地做某件事情。

② 按部就班地做某件事情。

③ 坚持不懈地做某件事情。

④ 时不时地做某件事情。

(5) 关于事故发生的原因现在是众说纷纭，大家应该认真辨别、理性分析。

① 说法很多，且各不相同。

② 说法虽多，但大致相同。

③ 得出结论的依据不充分。

④ 多数人的解释是正确的。

(6) 你别看他平时大大咧咧的，一旦干起工作来就像换了个人似的。

① 形容某人行动缓慢，效率很低。

② 形容某人做事细心，十分谨慎。

③ 形容某人做事粗心，不拘小节。

④ 形容某人胆大包天，不计后果。

(7) 大家都知道，他就是这种得便宜卖乖的人。

① 因为占小便宜却吃了大亏。

② 明明得了好处却装作吃亏。

③ 因为很乖巧而经常占便宜。

④ 常常低价买入再高价卖出。

(8) 据说中国近年由于看破红尘而遁入空门的年轻人越来越多了。

① 比喻因厌烦工作而宅在家中。

② 比喻因大气污染而闭门不出。

③ 比喻为避开尘世而皈依佛教。

④ 比喻为逃避现实而陷入空想。

4 次の文章を読み，下線部(1)～(3)を日本語に訳しなさい。 (24点)

对今天的年轻人来说，背井离乡是件很平常的事。生在 A 地，去 B 地读书，然后去 C 地工作和生活。有人把这种情况称为跨地域生活。

有人说，读万卷书不如行万里路。告诉我们的是，一个人走得越远，接触的新鲜事物越多，眼界就越宽阔。其实，离开家乡，进而走出国门，使我们扩展视野的同时，也带给我们一定程度的流离感和孤独感。有过跨地域生活经历的人对此应该都不陌生。对大部分人而言，“人离乡贱”这四个字包含的是真实的切肤之痛。(1)为了开阔自己的眼界，你义无反顾地踏进那条冰冷陌生的河流，同时开始了遥遥无期的艰难跋涉。

当一个人尚未离开家乡时，民族认同或地域认同从来不是首要问题。而当人客居异乡时，地域、身份的认同会突然在你的生活乃至生存中占据重要的位置。为了能够融入生活圈子，有的人会迅速全盘接受所在地区的一切文化和价值观，尽量接近当地居民并与之和谐相处。(2)“活在别处就是活在未来”，是跨地域生活教给我们的思考方式，同时这也是更接近未来的思考方式。

全球化至今已经半个世纪了，人类的迁徙成本一直在下降，跨地域生活的人数也在随之逐年增加。一份调查报告显示，全世界越来越多的人认为自己首先是“世界公民”，其次才是“某国公民”。(3)“背井离乡”带给你的无论是快乐还是痛苦，当你拥抱它时，你看世界的方式也就随之改变了。如果这时候再有人问“你是哪里人”时，你会回答：我是这个世界的异乡人。

5 (1)・(2)の日本語を中国語に訳しなさい。 (20点)

(1) 明治維新から150年の2018年，京都市は「二条城桜まつり2018」という特別記念イベントを開催した。ステージイベントや京都の名産品の販売のほか，夜のライトショーや花火大会も行った。準備作業は非常に綿密であった。統計によると，当時京都を訪れた国内外の観光客は，200万人を超えた。

(2) 米紙は28日，経営再建中のドイツ銀行が最大2万人規模の人員削減を検討していると報じた。ドイツ銀行の従業員は約9万人で，これまでも人員削減を進めてきたが，経営立て直しには一段のリストラが必要との声が高まっていた。米国の投資銀行部門が中心になる人員削減の可能性が高い。

リスニング （⇨問題98頁）

1 **600 字程度の 2 つの文章を聞き，内容についての問い 5 問ずつに答えます。ポイントとなる内容を聞き取り，全体の趣旨をつかむ能力を問います。**（各 5 点）

解答：(1)❶　(2)❶　(3)❷　(4)❸　(5)❹　(6)❶　(7)❸　(8)❸　(9)❶　(10)❷

(1)〜(5)の中国語

04 “我思，故我在。”是一句常被人们挂在嘴边的哲学名言。其实早在这句名言出现的 1200 年前，就另有一句名言，那就是“我错，故我是。”这句话告诉我们，人只要活着，就一定会犯错误。只不过有些错误我们能意识到，有些错误我们没有意识到而已。

05 日常生活中让我们犯错误的往往不是那些我们不懂的事，而是那些我们自以为很在行的事。心理学家发现，日常生活中的一些说法，明明已经错得很离谱了，但还是有很多人愿意相信。比如，“领养孩子可以帮助不育夫妇生育”这个观念就为不少人所接受。原本没能生育的夫妇在领养孩子之后又生育了自己的孩子，这种事情的确时有发生，但并不具有普遍性，甚至可以说是个别现象。人们之所以选择相信，是因为他们的注意力完全被那些领养孩子后又生育的个例所吸引，忽略了更多夫妇领养孩子后依然没有生育的案例。

06 导致犯错误的另一个重要原因是“从众心理”在作祟。作为个体的人本来就很容易受到大多数人的影响，成为群体中的一员能让我们有一种安全感。“从众心理”对于文化的形成和文化认同感的建立不无益处，但在面临决策时，也容易让个体失去独立思考和判断的能力，导致盲从盲信。

如何对待错误也是少犯错误的关键。如果当你还是孩童的时候，周围的大人就不断告诉你：犯错误就是愚蠢、无知。那么你就可能对犯错误产生恐惧的心理，一旦犯了错误就会惊慌失措。其实，犯错误也并非一无是处，古往今来不少科学发明的诞生就源于某个错误。正所谓“失败是成功之母”。

訳：「われ思う，故にわれ在り」はよく人の口の端に上る哲学の名言である。実は早くもこの名言が生まれる 1200 年前にもう一つの名言があり，それは「われ間違う，故にわれなり」というものだ。このことばはわれわれに人は生きていれば必ず間違いを犯すものだと教えている。一部の間違いをわれわれは意識できるが，一部の間違いは意識していないにすぎない。

日常生活でわれわれに間違いを犯させるのは往々にして分からないことではなく，精通していると思い込んでいることである。日常生活でのいくつかの主張はすでに明らかに常識外れであるのだが，それでも多くの人が信じてやまないことに心理学者は気付いた。例えば，「養子を取ると子どもが産めない夫婦に子どもができる」という考えは多くの人に受け入れられている。もともと子どもを産めない夫婦が養子を取ったあとに自分たちの子どもが生まれるということは確かに時には起こるが，普遍性があるわけではなく，個別の現象であると言える。人々が信じることを選択するのは，彼らの注意力が完全に養子を取ったあとに子どもができたという個別の例に引き付けられるからで，さらに多くの夫婦が養子を取ったけれども子どもができない例を見落としているからである。

間違いを犯すもう一つの重要な原因は，「同調（多数者側の意見ややり方に従う心理）」が邪魔をすることである。個人としての人はもともと多数の影響を受けやすく，多数の中の一人になることでわれわれは安心感を持つ。「同調」は文化の形成と文化の共感を築くことに対して役に立つこともあろうが，決定を下すに当たって，個人は独自の考えや判断能力を失わせやすく，盲従することに陥りやすい。

どのように間違いに対処するかも間違いを減らす鍵である。もし子どものときに周囲の大人から間違いを犯すのは愚かで，無知だと言われ続けていたとしたら，間違うことに対して恐怖の気持ちが生まれ，いったん間違えば驚きうろたえてしまうだろう。実は間違いを犯すことは何の取り柄もないということではなく，昔から多くの科学的な発明の誕生は何らかの間違いを元としている。そう，いわゆる「失敗は成功の母」である。

07 (1) 問：“我错，故我是。”这句话的意思是什么？

（「われ間違う，故にわれなり」というこのことばの意味は何か。）

答：❶ 人生在世不可能不犯错误。

（人はこの世にあっては間違いを犯すことを避けられない。）

② 人犯了错误要有勇气承认。

（人は間違いを犯したら勇気を持って認めるべきだ。）

③ 人的一生是由错误构成的。（人の一生は間違いで構成されているのだ。）

④ 人犯了错误是可以改正的。（人は間違いを犯したら正すことができる。）

08 (2) 問：为什么人们常会相信一些并不正确的判断？

（なぜ人々はよく一部の少しも正しくない判断を信じるのか。）

答：**❶ 因为人们很难放弃那些自以为是的想法。**

（人々は独り善がりな考え方を捨て難いから。）

② 因为有些哲学名言对人们的影响非常大。

（一部の哲学的な名言は人々に対する影響が非常に大きいから。）

③ 因为需要人们去了解的事物实在太多了。

（人々が理解しなければいけない事が実際とても多いから。）

④ 因为人们经常忽略有吸引力的个别案例。

（人々はいつも吸引力のある個別の事例を見落としているから。）

09 (3) 問：为什么说“从众心理”容易导致犯错误？

（なぜ「同調」は間違いを引き起こしやすいと言われるのか。）

答：① 因为“从众心理”非常不利于文化认同感的形成。

（「同調」は文化の共感を形成するには非常に不利だから。）

❷ 因为从众容易使人失去正确判断的能力。

（多数に従うことは人の正しい判断能力を失わせやすいから。）

③ 因为在群体中人们常常想显示自己的存在感。

（集団の中では人々はよく自分の存在感を示したがるから。）

④ 因为大家都犯错误的话，个人就不会受到责难。

（みんなが間違いを犯せば，個人は非難を受けることはないから。）

10 (4) 問：为什么多数人都害怕犯错误？

（なぜ多くの人は間違いを犯すことを恐れるのか。）

答：① 因为不论犯了什么错误都会被认为是故意的。

（どんな間違いであろうとも故意にしたと思われるから。）

② 因为一旦犯了错误就将造成无法挽回的损失。

（いったん間違いを犯すと挽回するすべのない損失をもたらすから。）

❸ 因为人们认为犯错误会给人留下负面的印象。

（人々は間違いを犯すと人にマイナスの印象を残すと考えているから。）

④ 因为犯过错误的人即使改正了也很难被接受。

（間違いを犯したことがある人は直したとしても受け入れられにくいから。）

11 (5) 問：与本文内容不相符的是以下哪一项？

（本文の内容と一致しないものは，次のどれか。）

答：① 无论是谁，都避免不了犯错误。
（誰であろうとみな間違いを犯すことを避けられない。）
② 犯错误其实也有其积极的一面。
（間違いを犯すことにも実は積極的な一面がある。）
③ 人们往往是错在不该错的地方。
（人々は往々にして間違えるべきでないところで間違えてしまう。）
❹ 各种发明都源自科学家的错误。
（各種の発明はみな科学者の間違いが元となっている。）

(6)〜(10)の中国語

20 我们现在已经无法想象没有手机和电脑的世界了。有统计显示，一个手机用户平均每天查看手机 88 次，其中有 35 次是看时间或检查邮件，有 53 次是为了写邮件或浏览网页。这个数字明显地高于手机用户自己的估计。在手机的使用上，有将近百分之十的青少年对手机的依赖已经到了上瘾的程度。成年人，甚至学者对手机的沉迷比起青少年来也往往是有过之而无不及的。

21 在现代社会中，人们已不知休息为何物，正常的节奏不断被电子设备带来的干扰所打断。有研究表明，大约有一半的学生承认在学习时受到手机的干扰。持续被外界信息打断思路会损害人的大脑，影响我们思考和判断的能力，甚至导致行为障碍。手机既影响人们集中注意力去工作，又妨碍人们真正地放松。这不仅影响到成年人，也波及了儿童和青少年。

22 不得不时刻保持在线状态，使得我们的生活节奏越来越快。有专家指出：一个社会的技术化、数字化和个性化的程度越高，日常生活的节奏也就越快，同时人们也越来越没有耐心了。无所事事、彻底放松的状态曾是日常生活中不可缺少的一部分，而如今这已经变成一种奢求了。先进的数字化本应带给我们更高的效率和更多的休息时间，结果却恰恰相反，我们更加匆忙，更加筋疲力尽了。

那么，究竟该怎样避免我们在歧途之上越走越远呢？专家给出的建议是：尽量减少电子设备的使用频率，有意识地增加与其他人直接交流的机会与时间。具体来说其实非常简单，那就是从现在开始，把你的电子产品放在一边吧。

訳：われわれは今ではもうスマホとパソコンのない世界を想像することができない。ある統計によると，スマホユーザーは平均毎日 88 回スマホをチェックし，うち 35 回は時間を見たり，メールをチェックしたりするためで，53 回はメールを書いたり，ネットサーフィンをしたりするためである。この数字は明らかにスマホユーザーが自分で思っている回数よりも多い。スマホを使用するうえで，10%に近い青少年のスマホへの依存がすでに中毒状態に達している。成人，ひいては学者のスマホに対する夢中さは青少年と比べていっそう甚だしいかもしれない。

現代社会において，人々はすでに休息が何であるか分からず，正常なリズムが絶えず電子デバイスがもたらす妨害で中断させられる。ある研究によると，およそ学生の半分が学習時にスマホに邪魔されていると認めている。継続的に外界の情報によって思考が中断させられると大脳を損ない，われわれの思考と判断力に影響し，ひいては行動障害を引き起こす。スマホは人々が注意力を集中して仕事をするのに影響し，かつ本当にリラックスすることを妨害している。これは成人に影響を与えるだけでなく，児童と青少年にも波及している。

常にオンライン状態にしておかないといけないことは，われわれの生活リズムをますます速くさせている。社会の技術化・デジタル化・個別化の程度が高くなればなるほど，日常生活のリズムも速くなり，同時にますます人々の辛抱強さもなくなると指摘している専門家もいる。やる事がなく，徹底的にリラックスした状態はかつて日常生活に欠くことのできない一部であったが，今やこれはすでにある種の高望みに変わってしまった。進んだデジタル化はもともとわれわれにさらに高い効率化と多くの休息時間をもたらすべきであったのに，結果としては真逆となり，われわれはさらに忙しさが増し，精も根も尽き果ててしまった。

では，結局どのようにわれわれは脇道を大きくそれるのを避けるべきなのか。専門家が提案しているのは，できるだけ電子デバイスの使用頻度を減らし，意識的に他人と直接交流する機会と時間を増やすことだ。具体的に言うと実は非常に簡単で，つまり今から，電子製品を片隅に追いやることだ。

23 (6) 問：和青少年相比，成年人对手机的沉迷程度怎么样？

（青少年と比べて，成人がスマホに夢中になっている程度はどのようか。）

答：❶ 成年人往往比青少年更加沉迷于手机。

（成人は往々にして青少年よりもさらにスマホに夢中になっている。）

② 沉迷于手机的青少年人数比成年人更多。

（スマホに夢中になっている青少年の数は成人よりもさらに多い。）

③ 成年人沉迷于手机的程度跟青少年一样。

（成人がスマホに夢中になっている程度は青少年と同じである。）

④ 成年人沉迷于手机的程度远不及青少年。
（成人がスマホに夢中になっている程度は青少年には遠く及ばない。）

24 (7) 問：持续使用电子设备对人的负面影响主要表现在哪个方面？
（電子デバイスを使い続けると人に対するマイナスの影響は主にどういった面に現れるのか。）

答：① 使人们面临的障碍越来越多了。
（人々が直面する障害がますます多くなった。）

② 让人逐渐失去了原有的想象力。
（徐々にもとからある想像力を失わせる。）

❸ 影响人正常思考和判断的能力。
（人の正常な思考と判断能力に影響する。）

④ 让人的生活变得越来越奢侈了。
（人の生活をどんどんぜいたくにさせる。）

25 (8) 問：数字化给人们带来的结果是什么？
（デジタル化が人々にもたらした結果とは何か。）

答：① 增加了人们直接交流的机会。
（人々が直接に交流する機会が増加した。）

② 人们在精神上越来越放松了。
（人々は精神的にますますリラックスした。）

❸ 人们感觉比以前更忙更累了。
（人々は以前よりもさらに忙しく，疲れていると感じている。）

④ 我们的社会越来越个性化了。
（われわれの社会はますます個別化している。）

26 (9) 問：专家们给我们的建议是什么？
（専門家たちがわれわれに提言しているのは何か。）

答：**❶ 尽量降低电子设备的使用频率。**
（できるだけ電子デバイスの使用頻度を下げる。）

② 面对新的形势要有足够的耐心。
（新たな事態に対して十分な根気を持たなければならない。）

③ 将每天用手机的次数固定下来。（毎日スマホを使う回数を決める。）

④ 充分利用新技术提高工作效率。
（新技術を十分に利用し，仕事の効率を高める。）

27 ⑽ 問：与本文内容相符的是以下哪一项？
(本文の内容と一致するものは，次のどれか。)

答：① 长时间使用电子设备会使人变得无所事事。
(長時間の電子デバイスの使用は人を何もしなくさせるだろう。)

❷ **许多人都低估了自己使用电子设备的频度。**
(多くの人は自分が使用する電子デバイスの頻度を過小評価している。)

③ 有超过一成的青少年使用手机已经上瘾了。
(1割を超える青少年がスマホを使用する中毒になってしまった。)

④ 我们已在沉迷于手机的歧途上越走越远了。
(われわれはすでにスマホに夢中になるという脇道に大きくそれた。)

2 **600字程度の文章を聞いたあと，指定された5か所の文を漢字で書き取ります。全体の内容を理解しながら，正しく漢字で書く能力を問います。**(各10点)

37 我们通常认为，商家给予客户自由选择的机会越多，客户对商家提供的产品和服务自然就会越加满意。(1)但大多数时候恰恰是事与愿违。苹果手机就不给用户提供什么选项，它却受到全世界粉丝的追捧。

在苹果之前，手机厂家为了满足不同人的需求，要推出几十甚至上百款手机。(2)面对眼花缭乱的选项，很多消费者往往无所适从，挑花了眼的结果可能是最终选择放弃。得陇望蜀是人的本性，如果自己买了A款手机，看到同伴儿用B款，就会期待自己的手机兼有这两款的优点。

38 三星在苹果手机出到第三代的时候，突然意识到这一点，于是将已有的上百款手机砍到屈指可数的几款。(3)结果让人大跌眼镜，就靠着这区区几款手机，三星反而长期占据着全球手机市场份额第一的位置。

可能有人会说，这是出于成本上的考虑，并不能证明没有选择会使用户更加满意；如果苹果多出几款不同的手机，也许会卖得更好。(4)事实上，第五代苹果手机就曾经推出了五种颜色供用户选择，但总的销量并未因此而有所增加。

39 不提供多项的选择，可能永远失去某些客户。但这其实不是什么大不了的事。(5)我们永远也做不到让所有的人都满意，那些从心里排斥你的产品的人，原本就不是你的潜在客户。好的产品设计者会想办法引导顾客，而不是去迎合每一个顾客。

訳：われわれはメーカーがユーザーに自由に選択する機会を多く与えれば与えるほど，ユーザーはメーカーが提供する製品やサービスに対して自然と満足するだろうと，普通は考える。(1)ところがなんと，多くの場合は，意図したとおりに事は運ばない。Apple の携帯電話はユーザーに何の選択肢も与えないが，世界中の Apple ファンから崇拝されている。

Apple が現れるまで，携帯メーカーはいろいろな人のニーズを満足させるために，数十ひいては数百種類の携帯を市場に送り出さなければならなかった。(2)目がくらむほどの選択肢を前にして，多くの消費者はどうしたらよいのか分からず，選ぶのに目がくらんだ結果，おそらく最終的には選択を放棄したのだ。貪欲で飽くことを知らないのが人間の本性であり，自分は A という携帯を買ったが，連れが B という携帯を使っているのを見ると，自分の携帯がこの両方のよいところを兼ね備えることを期待するだろう。

Samsung は Apple の第 3 世代の携帯が出るときに，突然この点に気付き，すでにあった数百種類の携帯を指折り数えることができる数タイプにまで減らした。(3)その結果に人々はひどく驚いたが，このわずか数タイプの携帯によって，Samsung はなんと長期間世界の携帯市場のシェア第一位を占めている。

たぶんこれはコスト面での考慮からで，選択のないことがユーザーの満足を増やしたことの証明にはならない，Apple が何タイプかの異なる携帯を出したら，さらにもっと売れるかもしれない，という人もいるだろう。(4)実際，第 5 世代の Apple の携帯はかつて 5 色を出してユーザーの選択に供したが，総販売量はこれによって増加してはいない。

多くの選択肢を提供しないことによって，永遠に一部のユーザーを失うだろう。しかしこれは実は何も大したことではない。(5)われわれは永久にすべての人を満足させることはできないし，心からあなたの製品を排除している人はもともと潜在的なユーザーではないのだ。よい製品デザイナーは顧客を導く方法を考えるのであって，一人一人の顧客に迎合するのではないのだ。

40 (1) 但大多数时候恰恰是事与愿违。苹果手机就不给用户提供什么选项，它却受到全世界粉丝的追捧。

41 (2) 面对眼花缭乱的选项，很多消费者往往无所适从，挑花了眼的结果可能是最终选择放弃。

42 (3) 结果让人大跌眼镜，就靠着这区区几款手机，三星反而长期占据着全球手机市场份额第一的位置。

43 (4) 事实上，第五代苹果手机就曾经推出了五种颜色供用户选择，但总的销量并未因此而有所增加。

44 (5) 我们永远也做不到让所有的人都满意，那些从心里排斥你的产品的人，原本就不是你的潜在客户。

筆　記 （⇨問題101頁）

1 900字程度の文章を読み，流れをつかんで適当な語句を補う8問，正しいピンインを選ぶ1問，内容の理解を問う1問に答えます。語句の知識と読解力を問います。 （各2点）

解答：(1)❸　(2)❷　(3)❶　(4)❹　(5)❷　(6)❷　(7)❹　(8)❶　(9)❶　(10)❹

前段时间有一句话击中了不少现代人的内心，那就是：生活不止眼前的(1)苟且 gǒuqiě，还有诗和远方。跟“世界那么大，我想去看看”一样，它(2)昭示的是当下中国中产阶层对远方的一种渴望。

向往远方，意味着他们对眼前生活的不满和厌倦。职场上的激烈竞争、复杂的人际关系、超快的生活节奏、(3)可望不可即的住房、早已成为常态的交通拥堵等等。这些让都市白领疲惫不堪、(4)心烦意乱。他们要挣脱现实，到远方去寻找美好与自由。

都市白领渴望的远方是充满非日常因素的地方，是对现实秩序之外的(5)片刻想象。他们不会扎根于远方，过过眼瘾、拍拍照片之后，他们依然是行色匆匆的上班族。

面对现实的困厄，远方或许并非一劳永逸的(6)救赎。因为远方多半只是我们的想象，我们只是与我们不太了解的事物互为远方而已。也就是说，我们的“远方”其实就是当地人“眼前的苟且”。比如很长一段时间以来，媒体中有不少关于尼泊尔、不丹等“幸福”国家的报道。但事实上，尼泊尔和不丹都属于世界上最贫困的国家，贫穷是那里的常态，基础设施落后，人均寿命低于世界平均水平。只不过“远方”这枚滤镜屏蔽了当地人的困苦而已。

说起来，想象远方并没有错。只是有很多人犯了两个错误，一方面，他们将眼前的苟且与诗和远方(7)截然分割，使之对立起来，可实际上，眼前既有苟且，也有诗和远方；另一方面，他们又将诗和远方具象化了，在他们看来诗就是诗歌，远方必定是某个度假村或旅游胜地，而实际上呢，“诗和远方”更近于抽象意义上的概念，它可以(8)指涉一种心灵空间和生活方式。远方可以是心灵的远方，即便囿于日常的(9)鸡毛蒜皮也不放弃对自由与美好的想象与追求。远方，也是一种生活方式，生活节奏再快，也应该给自己放空的时间，让自己慢下来、静下来。

有一句话说得好："世界只有一种真正的英雄主义，那就是在认清生活的真相后依然热爱生活。"心有远方，热爱当下，这也是一种英雄主义。

訳：一時期あることばが多くの現代人の心を射ぬいたのだが，それは「生活とは目の前のかりそめのものにとどまらない，さらに詩と遥か彼方がある」というものだ。このことばは「世界はこんなにも広いのだから，わたしは見に行ってみたい」と同じで，目下の中国の中産階級の遥か彼方に対する渇望を明らかにしている。

遥か彼方への憧れは彼らの目の前の生活に対する不満と嫌気を意味している。職場での熾烈な競争と複雑な人間関係，ハイスピードな生活のリズム，高根の花である住居，すでに常態となってしまった交通渋滞等々。これらは都市のホワイトカラーをヘトヘトにし，イライラさせ心を乱れさせる。彼らは現実を抜け出し，遥か彼方に行って美しさと自由を見つけ出したいのだ。

都会のホワイトカラーが渇望する遥か彼方は，非日常的な要素に満ちあふれた場所で，現実の秩序の外に対するしばしの想像である。彼らは遥か彼方に根を下ろすわけではなく，ちょっと見てみるだけ，ちょっと写真を撮ったあとは，彼らは相変わらず慌ただしいサラリーマンである。

現実の苦しみに直面するとき，遥か彼方はひょっとしたら一度苦労すれば後は楽に求められるという救いではないかもしれない。なぜなら遥か彼方の多くはわれわれの想像にすぎず，われわれはただあまり分かっていない事柄と互いに遥か彼方の存在となっているにすぎない。つまり，われわれの「遥か彼方」は実はその土地の人の「目の前のかりそめ」なのである。例えばずっと長い間，メディアではネパールやブータンなどについて「幸福な」国であるという多くの報道があった。しかし実際，ネパールとブータンはともに世界の最貧国家であり，貧困はそこの常態であり，インフラ設備は遅れており，平均寿命は世界水準よりも低い。「遥か彼方」というこのフィルターは現地の人の困苦をブロックしているにすぎない。

そもそも，遥か彼方を想像することはちっとも間違いではない。ただ多くの人が2つの間違いを犯している。1つは，彼らは目の前のかりそめのものと詩と遥か彼方をはっきりと分けて，それを対立させているのだ。しかし実際には目の前にはかりそめのものもあり，詩と遥か彼方もある。もう1つは，彼らはまた詩と遥か彼方を具象化しており，彼らから見ると詩は詩歌であり，遥か彼方はきっとリゾート地か観光地である。しかし実際は，「詩と遥か彼方」はもっと抽象的な意味の概念に近く，ある種の心の空間と生活様式を指すものである。遥か彼方は心の遥か彼方であり，たとえ日常の取るに足らないつまらないことにとらわれるとしても，自由と美しさに対する想像と追求を放棄するものではない。遥か彼方は生活様式の一つでもあり，生活リズムがいくら速くても，自分に空っぽの時間を与え，自分をクールダウンさせ，静かにさせるべきである。
「世界には一つだけ正真正銘のヒロイズムがあるが，それは生活の真相をはっきり見極めたあとにも相変わらず生活を愛することだ」とはうまく言ったものである。心に遠きを持ち，その時その場を愛する，これも一種のヒロイズムである。

⑴ ピンイン表記

① xúnqiě　② xúnqiè　❸ gǒuqiě　④ gǒuqiè

⑵ 空欄補充

① 昭彰 zhāozhāng　❷ 昭示 zhāoshì　③ 昭然 zhāorán　④ 昭雪 zhāoxuě

①は「顕著である」，②は「明らかに示す」，③は「明らかである」，④は「冤罪を晴らす」という意味です。ここでは後ろの“一种渴望”が本来目的語となるもので，②が正解です。

⑶ 空欄補充

❶ 可望不可即 kě wàng bù kě jí　② 疾风知劲草 jífēng zhī jìngcǎo
③ 万事开头难 wànshì kāitóu nán　④ 无可无不可 wú kě wú bù kě

①は「高嶺の花」，②は「苦境や逆境によって人の真価が分かる」，③は「何事も最初が難しい」，④は「どちらでもいいという主体性のない態度」という意味です。“住房”を修飾しているので，①が正解です。

⑷ 空欄補充

① 心甘情愿 xīngān-qíngyuàn　② 心照不宣 xīnzhào-bùxuān
③ 心悦诚服 xīnyuè-chéngfú　❹ 心烦意乱 xīnfán yìluàn

①は「心から願う」，②は「心で分かり合い，口には出さない」，③は「心から承服する」，④は「イライラして心が乱れる」という意味です。“都市白领”を“疲惫不堪”させると並列で使われる四字成語ですので，④が正解です。

⑸ 空欄補充

① 尖刻 jiānkè　❷ 片刻 piànkè　③ 即刻 jíkè　④ 苛刻 kēkè

①は「辛辣である」，②は「わずかな時間」，③は「直ちに」，④は「苛酷である」という意味です。“想象”を修飾するので，②が正解です。

(6) 空欄補充

① 赎罪 shúzuì　❷ 救赎 jiùshú　③ 救急 jiùjí　④ 赎买 shúmǎi

①は「贖罪する」，②は「救い，救済」，③は「急場を救う」，④は「買い戻す」という意味です。“一劳永逸”（一度苦労すれば後は永遠に楽になる）が修飾しているので，②が正解です。

(7) 空欄補充

① 浑然 húnrán　② 纵然 zòngrán　③ 豁然 huòrán　❹ 截然 jiérán

①は「混然としている」，②は「たとえ…だとしても」，③は「突然迷いや疑いが晴れる」，④は「明らかに」という意味です。“他们将眼前的苟且与诗和远方”を“分割”するのですから，④が正解です。

(8) 空欄補充

❶ 指涉 zhǐshè　② 指望 zhǐwang　③ 指摘 zhǐzhāi　④ 指靠 zhǐkào

①は「関連する，指す」，②は「期待する」，③は「指摘して批判する」，④は「依存する」という意味です。“一种心灵空间和生活方式”を目的語に取っているので，①が正解です。

(9) 空欄補充

❶ 鸡毛蒜皮 jīmáo-suànpí　② 鸡鸣狗盗 jīmíng-gǒudào

③ 鸡犬升天 jīquǎn-shēngtiān　④ 鸡犬不宁 jīquǎn-bùníng

①は「取るに足らないこと」，②は「つまらない技能の持ち主」，③は「一人が出世すると親類縁者まで羽振りがよくなる」，④は「世情が騒然としている」という意味です。“日常”が修飾できるのは①です。

(10) 内容の不一致

① 许多人的烦躁主要源于紧张的城市生活。

（多くの人のイライラは主に緊張した都市での生活が源である。）

② 很多人的理想与现实之间有较大的距离。

（多くの人の理想は現実との間にかなり大きなずれがある。）

③ 只要不再烦躁，所谓的远方就无处不在。
（イライラしなくなれば，いわゆる遥か彼方はどこにでもある。）

❹ **寻找远方的人是那些热爱现实生活的人。**
（遥か彼方を探し求める人とは現実の生活を愛する人である。）

“向往远方，意味着他们对眼前生活的不满和厌倦”から，④が一致していません。

2 適当な語句を補います。読解力と語句の知識を問います。 （各 2 点）

解答：(1)❹ (2)❸ (3)❶ (4)❷ (5)❹ (6)❸ (7)❷ (8)❹ (9)❶ (10)❸

(1) 为了（ 糊口 ），老赵不得不做起了以前根本不屑一顾的粗活儿。
（糊口をしのぐため，趙さんは以前なら一顧だにしなかった力仕事をやり始めざるをえなくなった。）

① 封口 fēngkǒu ② 缄口 jiānkǒu ③ 开口 kāikǒu ❹ 糊口 húkǒu

①は「封をする」，②は「口をつぐむ」，③は「口を開く」，④は「口を糊する」という意味です。“根本不屑一顾的粗活儿”だったことをしなければいけなくなった理由を述べているので，④が正解です。

(2) 当年选择学习法律专业，我不过是（ 随大溜 ）而已，并没考虑太多。
（当時わたしが法律を学ぶことを選んだのは，大勢に従うだけで，多くを考えたわけではない。）

① 冤大头 yuāndàtóu ② 傍大款 bàng dàkuǎn
❸ 随大溜 suí dàliù ④ 挑大梁 tiǎo dàliáng

①は「だまされてお金を遣う人」，②は「金持ちの愛人になる」，③は「大勢の赴くままに従う」，④は「重要な仕事を担う」という意味です。“而已”（…にすぎない）や“并没考虑太多”とあることから，③が正解です。

(3) 平时看上去很（ 木讷 ）的伊藤同学，这次的表现太令人感到意外了。
（平素は朴訥《ぼくとつ》だと思っていた伊藤くんだが，今回の態度は全く意外だった。）

❶ 木讷 mùnè ② 木条 mùtiáo ③ 木桩 mùzhuāng ④ 木鱼 mùyú

①は「朴訥である」，②は「木の棒」，③は「木のくい」，④は「木魚」という意味です。伊藤くんの性格を表しているわけですから，①が正解です。

(4) 看到老李这么恳求自己，我也只好（ 硬着头皮 ）答应下来了。
（李さんがこんなにも懇願しているのを見て，わたしもやむをえず承諾した。）

① 生拉硬扯 shēnglā-yìngchě　　❷ 硬着头皮 yìngzhe tóupí
③ 软硬兼施 ruǎnyìng-jiānshī　　④ 死记硬背 sǐjì yìngbèi

①は「人を無理やりに自分の思うようにさせる」，②は「やむなく」，③は「脅したりすかしたりする」，④は「丸暗記する」という意味です。“恳求”に対して“答应下来了”となっているので，②が正解です。

(5) 真没想到，在去年的三次国际大赛中，小王竟然两次（ 折桂 ）。（去年の3回の世界大会で王さんがなんと2回も優勝するとは全く思いもしなかった。）

① 折服 zhéfú　② 折扣 zhékòu　③ 折合 zhéhé　❹ 折桂 zhéguì

①は「説き伏せる」，②は「値引き」，③は「換算する」，④は「試合や試験で1位になる」という意味です。世界大会での成績を言っているので，④が正解です。

(6) 这番话击中了他的（ 软肋 ），使得他不得不改变了自己的态度。
（この話は彼の弱点をつき，彼に自分の態度を変えざるをえなくさせた。）

① 鸡肋 jīlèi　② 肋骨 lèigǔ　❸ 软肋 ruǎnlèi　④ 软件 ruǎnjiàn

①は「実利の少ないもの」，②は「あばら骨」，③は「弱点」，④は「ソフトウエア」という意味です。前半で述べられていることが原因で態度を変えたわけですから，“击中”の目的語としては③が正解です。

(7) 有什么困难你尽管说，我们绝不会（ 袖手旁观 ）的。（何か困った事があれば遠慮なく言いなさい，わたしたちは絶対に見ているだけなんてしないから。）

① 坐井观天 zuòjǐng-guāntiān　　❷ 袖手旁观 xiùshǒu-pángguān
③ 洞若观火 dòngruòguānhuǒ　　④ 叹为观止 tànwéiguānzhǐ

①は「井の中の蛙」，②は「何もせずただ傍観する」，③は「火を見るより明らかである」，④は「すばらしいものを見て驚嘆する」という意味です。“有什么困难你尽管说”と述べたうえで，絶対にそのようなことはしないと言っているので，②が正解です。

(8) 听到这个消息以后，她的脸上露出了十分（ 沮丧 ）的表情。
（その知らせを聞いてから，彼女の顔にはがっかりした表情が現れた。）

① 发丧 fāsāng　② 扶丧 fúsāng　③ 治丧 zhìsāng　❹ 沮丧 jǔsàng

①は「喪を知らせる，葬儀を営む」，②は「棺を運ぶ」，③は「葬儀の段取りをする」，④は「がっかりする」という意味です。“表情”を修飾することばですので，④が正解です。

⑼ 不断上涨的物价让不少本就不太富裕的家庭有些（ 吃不消 ）了。
（絶えず上がり続ける物価が多くのもともとあまり豊かでない家庭をやりきれなくさせている。）

❶ 吃不消 chībuxiāo　② 吃不动 chībudòng
③ 吃不准 chībuzhǔn　④ 吃不透 chībutòu

①は「やりきれない」，②は「箸が進まない」，③は「はっきり分からない」，④は「十分に飲み込めない」という意味です。主語は“不断上涨的物价”ですから，①が正解です。

⑽ 我小的时候，家里长时间过的是（ 捉襟见肘 ）的生活。
（わたしが小さいころ，家では長らく食うや食わずの生活を送っていた。）

① 捕风捉影 bǔfēng-zhuōyǐng　② 贼喊捉贼 zéihǎnzhuōzéi
❸ 捉襟见肘 zhuōjīn-jiànzhǒu　④ 不可捉摸 bùkě zhuōmō

①は「捕らえどころがない」，②は「注意をそらして罰を逃れる」，③は「経済的に困る」，④は「予測できない」という意味です。“生活”を修飾することばですので，③が正解です。

3　正しく解釈した文を選びます。語句や表現の意味についての知識を問います。

（各２点）

解答：⑴❷　⑵❶　⑶❸　⑷❹　⑸❶　⑹❸　⑺❷　⑻❸

⑴ 这次去北京旅行的开销远远超出了我们的计划。
（今回の北京旅行の支払いはわれわれの見積もりをはるかに上回った。）

① 指的是所需的时间。（必要とする時間を指す。）
❷ 指的是所需的费用。（必要とする費用を指す。）
③ 指的是参与的人数。（参加する人数を指す。）
④ 指的是实施的项目。（実施する項目を指す。）

「支払い，出費」という意味ですから，②が正解です。

⑵ 他们俩可谓是莫逆之交，别人的几句话根本无法改变两人的关系。

（彼ら二人は莫逆の交わりというべきで，他人の二言三言が二人の関係を変えることなどありえない。）

❶ 彼此情投意合，非常相好。（互いに意気投合し，非常に仲がよいこと。）

② 彼此水火不容，相互仇恨。（互いに相いれず，激しく憎み合うこと。）

③ 双方从未谋面，互不相识。（双方とも面識がなく，互いに知らないこと。）

④ 二人接触很少，交情不深。（二人の交流が少なく，つきあいが浅いこと。）

「気心のよく分かった仲，交わり」という意味ですから，①が正解です。

⑶ 我们公司现在是一个萝卜一个坑，你还是另想办法吧。（わが社は現在それぞれ持ち場が決まっているから，君はやはりほかの方法を考えなさい。）

① 比喻担任重要工作的人很多。
（重要な仕事を担当する人が多いことをたとえる。）

② 比喻岗位很多而工作人员少。
（ポストは多いが，働く人が少ないことをたとえる。）

❸ 比喻每个岗位都有固定的人。
（どのポストにも固定の人がいることをたとえる。）

④ 比喻不少人没什么工作可做。
（多くの人がやるべき仕事がないことをたとえる。）

「一本の大根に一つの穴」，つまり「一つの仕事を一人の人間が担当する」ということで，③が正解です。

⑷ 退休以后李老师还隔三岔五地来学校图书馆看书、查资料。（退職後も，李先生はしょっちゅう学校の図書館に来て，本を読み，資料を調べている。）

① 如饥似渴地做某件事情。（むさぼるようにあることをすること。）

② 按部就班地做某件事情。（段取りを踏んであることをすること。）

③ 坚持不懈地做某件事情。（うまずたゆまずあることをすること。）

❹ 时不时地做某件事情。（しょっちゅうあることをすること。）

「間隔をおかずに」という意味ですから，④が正解です。

⑸ 关于事故发生的原因现在是众说纷纭，大家应该认真辨别、理性分析。

（事故の発生原因について現在は諸説紛々としているが，皆で真剣に見定め，理性的に分析しなければならない。）

❶ 说法很多，且各不相同。（意見が多く，しかもそれぞれが違うこと。）

② 说法虽多，但大致相同。（意見は多いが，おおよそ同じであること。）

③ 得出结论的依据不充分。

（結論を得るにあたっての根拠が不十分であること。）

④ 多数人的解释是正确的。（多数の人の解釈が正確であること。）

「みんなの意見がまちまちである」という意味ですから，①が正解です。

(6) 你别看他平时大大咧咧的，一旦干起工作来就像换了个人似的。（平素彼はいいかげんのように見えるけれど，いったん仕事を始めると人が変わったようになる。）

① 形容某人行动缓慢，效率很低。（行動が遅く，効率が低い人を形容する。）

② 形容某人做事细心，十分谨慎。

（事に当たって注意深く，とても慎重な人を形容する。）

❸ 形容某人做事粗心，不拘小节。

（事に当たって大ざっぱで，小事にこだわらない人を形容する。）

④ 形容某人胆大包天，不计后果。

（大胆不敵で，結果にこだわらない人を形容する。）

「無頓着な，いいかげんな，だらしない」人を形容する意味ですので，③が正解です。

(7) 大家都知道，他就是这种得便宜卖乖的人。（彼がうまい汁を吸っておきながら，さりげないふりをする人間であることをみんなは知っている。）

① 因为占小便宜却吃了大亏。（小さな目先の利益のために，大損をすること。）

❷ 明明得了好处却装作吃亏。

（明らかに利益を得ているのに，損をしたふりをすること。）

③ 因为很乖巧而经常占便宜。

（利口であるため，しょっちゅう利益を得ていること。）

④ 常常低价买入再高价卖出。（いつも安い値段で買い入れて，高く売ること。）

「ずるい事をしてうまい汁を吸いながら，それをうまく取り繕ろう」という意味ですから，②が正解です。

(8) 据说中国近年由于看破红尘而遁入空门的年轻人越来越多了。（近頃中国では浮き世に嫌気がさして，出家する若者がますます多くなっているそうだ。）

① 比喻因厌烦工作而宅在家中。
（仕事に嫌気がさし，家に引きこもることをたとえる。）

② 比喻因大气污染而闭门不出。
（大気汚染のために，外出しないことをたとえる。）

❸ 比喻为避开尘世而皈依佛教。
（俗世を避けて，仏門に帰依することをたとえる。）

④ 比喻为逃避现实而陷入空想。
（現実を避けて，空想に浸ることをたとえる。）

「仏門に入る，出家する」という意味です。また“看破红尘”は「俗世間を見限る」という意味ですので，③が正解です。

4 **600 字前後の文章を読み，3 か所の文を日本語に訳します。全体の内容を理解しながら日本語に翻訳する力を問います。** （各 8 点）

对今天的年轻人来说，背井离乡是件很平常的事。生在 A 地，去 B 地读书，然后去 C 地工作和生活。有人把这种情况称为跨地域生活。

有人说，读万卷书不如行万里路。告诉我们的是，一个人走得越远，接触的新鲜事物越多，眼界就越宽阔。其实，离开家乡，进而走出国门，使我们扩展视野的同时，也带给我们一定程度的流离感和孤独感。有过跨地域生活经历的人对此应该都不陌生。对大部分人而言，“人离乡贱”这四个字包含的是真实的切肤之痛。(1)为了开阔自己的眼界，你义无反顾地踏进那条冰冷陌生的河流，同时开始了遥遥无期的艰难跋涉。

当一个人尚未离开家乡时，民族认同或地域认同从来不是首要问题。而当人客居异乡时，地域、身份的认同会突然在你的生活乃至生存中占据重要的位置。为了能够融入生活圈子，有的人会迅速全盘接受所在地区的一切文化和价值观，尽量接近当地居民并与之和谐相处。(2)“活在别处就是活在未来”，是跨地域生活教给我们的思考方式，同时这也是更接近未来的思考方式。

全球化至今已经半个世纪了，人类的迁徙成本一直在下降，跨地域生活的人数也在随之逐年增加。一份调查报告显示，全世界越来越多的人认为自己首先是“世界公民”，其次才是“某国公民”。(3)“背井离乡”带给你的无论是快乐还是痛苦，当你拥抱它时，你看世界的方式也就随之改变了。如果这时候再有人问“你是哪里人”时，你会回答：我是这个世界的异乡人。

訳：今日の若者にとって，故郷を離れることはありふれたことである。A 地で生まれ，B地に行って勉強し，それからC地に行って働き，生活する。こういった状況をクロスオーバーライフと称する人がいる。

ある人は，「万巻の書を読むより，万里の道を行くほうがよい」と言った。人は遠い所に行けば行くほど新鮮な物事に触れることが多くなり，視野がますます広くなるということをわれわれに教えている。実際，故郷を離れ，国境を出ることは，われわれの視野を広げさせると同時に，ある程度の流浪感と孤独感ももたらす。クロスオーバーライフをしたことがある人はみな経験しているはずだ。大部分の人にとって，「人離郷賤（故郷を離れれば，親類縁者もなく，頼るべきものを失い，軽んじられる）」という四字句が含んでいるものは切実な痛みだと言える。(1)自分の視野を広げるために，後には引かないと冷たく見ず知らずの川に踏み込んでいく，と同時に，果てしない苦しい旅が始まるのだ。

人がまだ故郷を離れていないときには，民族のアイデンティティ，あるいは地域のアイデンティティというものは重要な問題ではなかった。異郷で暮らすと，地域・身分のアイデンティティが突如として生活，ひいては生存の重要な位置を占める。生活圏にちゃんと溶け込むために，素早く全面的にその場所の文化や価値観の一切を受け入れ，できるだけそこの住民に近づき，和やかにつきあう人もいる。(2)「別の場所で生きることとは，すなわち未来に生きること」というのは，クロスオーバーライフがわれわれに教えてくれる思考方式であると同時に，それはより未来に近づく思考方式でもある。

グローバル化が現在ではすでに半世紀となり，人類の移動コストは下がり続け，地域をまたいで生活する人数もそれに従って年々増加している。ある報告によると，全世界でますます多くの人が自分はまずは「コスモポリタン」であり，次に「某国人」だと思っていることが明らかになった。(3)「故郷を離れる」ことの与えるものが楽しみであっても，苦しみであっても，それを抱きしめるとき，世界に対する見方もそれに従って変わるのだ。もしそのとき，誰かが再度「あなたはどこの出身ですか」と問うたならば，あなたは「わたしはこの世界の異邦人です」と答えるだろう。

(1)～(3)上記を参照

(1)“义无反顾”は「道義上振り返ってためらうことができない，後へは引けない」，“艰难跋涉”は「苦しい長旅をする」という意味です。

(2)“活在别处就是活在未来”は「別の場所で生きることとはすなわち未来に生きることである」という意味です。

(3)“无论”は疑問詞や選択を表す内容を含む文に用いて，どうであろうと結果や結論は同じだということを表し，“都”“也”と呼応します。

5 **100 字程度の日本語の文章 2 題を中国語に訳します。会話，手紙，論説などの少しまとまった長さの文章を組み立てる能力を問います。** （各 10 点）

(1) 明治維新から 150 年の 2018 年，京都市は「二条城桜まつり 2018」という特別記念イベントを開催した。ステージイベントや京都の名産品の販売のほか，夜のライトショーや花火大会も行った。準備作業は非常に綿密であった。統計によると，当時京都を訪れた国内外の観光客は，200 万人を超えた。

距明治维新 150 周年的 2018 年，京都市举办了“二条城樱花节 2018”的特别纪念活动。除了舞台活动、京都特产销售外，还有夜晚灯光秀和烟火晚会。准备工作做得非常细致。据统计，当时访问京都的国内外游客达到 200 万之多。

「ステージイベント」「名産品の販売」「夜のライトショー」「花火大会」は，それぞれ“舞台活动”“特产销售”“夜晚灯光秀”“烟火晚会”と訳します。

(2) 米紙は 28 日，経営再建中のドイツ銀行が最大 2 万人規模の人員削減を検討していると報じた。ドイツ銀行の従業員は約 9 万人で，これまでも人員削減を進めてきたが，経営立て直しには一段のリストラが必要との声が高まっていた。米国の投資銀行部門が中心になる人員削減の可能性が高い。

据美国报纸 28 日报道，经营重建中的德意志银行计划裁减雇员，规模最大可达 2 万人。德意志银行的雇员约有 9 万人，迄今为止已经进行了雇员裁减，但为了重建还需要进一步裁减的意见日渐强烈。裁减雇员极有可能以美国投资银行部门为主。

「経営再建中」は“经营重建中”，「人員削減」は“裁减雇员”と訳します。「これまでも」は“迄今为止”のほか，“至今为止”としてもかまいません。

中国語検定試験について

一般財団法人 日本中国語検定協会が実施し，中国語運用能力を認定する試験です。受験資格の制限はありません。また，目や耳，肢体などが不自由な方には特別対応を講じます。中国語検定試験の概要は以下のとおりです。詳しくは後掲（p.133）の日本中国語検定協会のホームページや，協会が発行する「受験案内」をご覧いただくか，協会に直接お問い合わせください。

認定基準と試験内容

準4級	**中国語学習の準備完了** 学習を進めていく上での基礎的知識を身につけていること。 （学習時間 60～120 時間。一般大学の第二外国語における第一年度前期修了，高等学校における第一年度通年履修，中国語専門学校・講習会などにおける半年以上の学習程度。） 基礎単語約 500 語（簡体字を正しく書けること），ピンイン（表音ローマ字）の読み方と綴り方，単文の基本文型，簡単な日常挨拶語約 50～80。
4　級	**中国語の基礎をマスター** 平易な中国語を聞き，話すことができること。 （学習時間 120～200 時間。一般大学の第二外国語における第一年度履修程度。） 単語の意味，漢字のピンイン（表音ローマ字）への表記がえ，ピンインの漢字への表記がえ，常用語 500～1,000 による中国語単文の日本語訳と日本語の中国語訳。
3　級	**自力で応用力を養いうる能力の保証（一般的事項のマスター）** 基本的な文章を読み，書くことができること。 簡単な日常会話ができること。 （学習時間 200～300 時間。一般大学の第二外国語における第二年度履修程度。） 単語の意味，漢字のピンイン（表音ローマ字）への表記がえ，ピンインの漢字への表記がえ，常用語 1,000～2,000 による中国語複文の日本語訳と日本語の中国語訳。
2　級	**実務能力の基礎づくり完成の保証** 複文を含むやや高度な中国語の文章を読み，３級程度の文章を書くことができること。 日常的な話題での会話が行えること。 単語・熟語・慣用句の日本語訳・中国語訳，多音語・軽声の問題，語句の用法の誤り指摘，100～300 字程度の文章の日本語訳・中国語訳。

準1級	**実務に即従事しうる能力の保証（全般的事項のマスター）** 社会生活に必要な中国語を基本的に習得し，通常の文章の中国語訳・日本語訳，簡単な通訳ができること。 （一次）新聞・雑誌・文学作品・実用文などやや難度の高い文章の日本語訳・中国語訳。 （二次）簡単な日常会話と口頭での中文日訳及び日文中訳など。
1　級	**高いレベルで中国語を駆使しうる能力の保証** 高度な読解力・表現力を有し，複雑な中国語及び日本語（例えば挨拶・講演・会議・会談など）の翻訳・通訳ができること。 （一次）時事用語も含む難度の高い文章の日本語訳・中国語訳。熟語・慣用句などを含む総合問題。 （二次）日本語と中国語の逐次通訳。

日程と時間割

準4級，4級，3級，2級及び準1級の一次試験は3月，6月，11月の第4日曜日の年3回，1級の一次試験は11月の第4日曜日の年1回実施します。

一次試験は次の時間割で実施し，午前の級と午後の級は併願できます。

午前			午後		
級	集合時間	終了予定時間	級	集合時間	終了予定時間
準4級	10:00	11:15	4　級	13:30	15:25
3　級		11:55	2　級		15:45
準1級		12:15	1　級		15:45

準1級と1級の二次試験は，一次試験合格者を対象に，一次が3月，6月の場合は5週間後，一次が11月の場合は1月の第2日曜日に実施します。（協会ホームページに日程掲載）

受験会場

全国主要都市に35か所，海外は北京，上海，台北，シンガポールの4か所を予定しています（2021年5月現在）。二次試験は，準1級・1級を東京と大阪で実施します。

受験料

郵送またはインターネットで受付けます。

準4級	3,500円
4　級	4,800円
3　級	5,800円
2　級	7,800円
準1級	9,800円
1　級	11,800円

（2021年5月現在）

出題・解答の方式，配点，合格基準点

級	種類	方式	配点	合格基準点
準4級	リスニング	選択式	50点	60点
	筆　記	選択式・記述式	50点	
4　級	リスニング	選択式	100点	60点
	筆　記	選択式・記述式	100点	60点
3　級	リスニング	選択式	100点	65点
	筆　記	選択式・記述式	100点	65点
2　級	リスニング	選択式	100点	70点
	筆　記	選択式・記述式	100点	70点
準1級	リスニング	選択式・記述式	100点	75点
	筆　記	選択式・記述式	100点	75点
1　級	リスニング	選択式・記述式	100点	85点
	筆　記	選択式・記述式	100点	85点

・解答は，マークシートによる選択式及び一部記述式を取り入れています。また，録音によるリスニングを課し，特に準1級・1級にはリスニングによる書き取りを課しています。

・記述式の解答は，簡体字の使用を原則としますが，２級以上は特に指定された場合を除き，簡体字未習者の繁体字の使用は妨げません。但し，字体の混用は減点の対象となります。
・４級～１級は，リスニング・筆記ともに合格基準点に達していないと合格できません。準４級は合格基準点に達していてもリスニング試験を受けていないと不合格となります。
・合格基準点は，難易度を考慮して調整されることがあります。

二次試験内容

準１級は，面接委員との簡単な日常会話，口頭での中文日訳と日文中訳，指定されたテーマについての口述の３つの試験を行い，全体を通しての発音・イントネーション及び語彙・文法の運用能力の総合的な判定を行います。10～15分程度。合格基準点は 75 点／ 100 点

１級は，面接委員が読む中国語長文の日本語訳と，日本語長文の中国語訳の２つの試験を行います。20～30 分程度。合格基準点は各 85 点／ 100 点

一般財団法人 日本中国語検定協会

〒 103-8468　東京都中央区東日本橋 2-28-5 協和ビル

Tel：０３－５８４６－９７５１

Fax：０３－５８４６－９７５２

ホームページ：http://www.chuken.gr.jp

E-mail：info@chuken.gr.jp

試験結果データ（2020年度実施分）

L：リスニング　W：筆記　口試1：中文日訳　口試2：日文中訳

第100回	準4級	4級	3級	2級	準1級	準1級二次	1級一次	1級二次
		L / W	L / W	L / W	L / W	口試	L / W	口試1/口試2
合格基準点	60	60/60	65/65	70/70	75/75	75	–	–
平均点	75.8	69.9/67.7	65.7/68.2	69.8/67.0	71.8/71.4	88.4	–	–
志願者数	1,002	1,600	1,776	878	281	100	–	–
受験者数	806	1,305	1,444	754	254	93	–	–
合格者数	657	795	673	292	95	89	–	–
合格率	81.5%	60.9%	46.6%	38.7%	37.4%	95.7%	–	–

第101回	準4級	4級	3級	2級	準1級一次	準1級二次	1級一次	1級二次
		L / W	L / W	L / W	L / W	口試	L / W	口試1/口試2
合格基準点	60	60(55)/60(55)	65(60)/65	70/70(65)	75/75(70)	75	85/85	85/85
平均点	72.6	61.2/67.3	63.8/71.4	62.0/61.4	66.2/56.9	88.7	68.1/69.4	85.7/76.7
志願者数	2,333	2,732	2,995	1,751	546	99	212	16
受験者数	2,108	2,340	2,614	1,567	481	88	195	13
合格者数	1,692	1,305	1,381	474	95	86	14	6
合格率	80.3%	55.8%	52.8%	30.2%	19.8%	97.7%	7.2%	46.2%

第102回	準4級	4級	3級	2級	準1級一次	準1級二次	1級一次	1級二次
		L / W	L / W	L / W	L / W	口試	L / W	口試1/口試2
合格基準点	60	60/60	65/65	70/70	75/75	75	–	–
平均点	69.1	64.9/72.2	66.8/69.5	67.9/67.1	73.6/67.2	87.4	–	–
志願者数	1,789	2,719	2,591	1,405	443	133	–	–
受験者数	1,554	2,314	2,255	1,274	399	130	–	–
合格者数	1,094	1,356	1,074	485	127	127	–	–
合格率	70.4%	58.6%	47.6%	38.1%	31.8%	97.7%	–	–

※　二次志願者数には，一次試験免除者を含みます。

※　合格基準点欄（　）内の数字は，難易度を考慮して当該回のみ適用された基準点です。

カバーデザイン：トミタ制作室

音声ダウンロード

中検準1級・1級試験問題2021［第100・101・102回］解答と解説

2021年5月22日　初版印刷
2021年5月28日　初版発行

編　者　一般財団法人 日本中国語検定協会
発行者　佐藤康夫
発行所　白 帝 社

〒171-0014　東京都豊島区池袋 2-65-1
TEL 03-3986-3271　FAX 03-3986-3272
info@hakuteisha.co.jp　http://www.hakuteisha.co.jp/

印刷 倉敷印刷（株）／㈱ティーケー出版印刷

Printed in Japan　〈検印省略〉　6914　ISBN978-4-86398-416-5

＊定価はカバーに表示してあります。

F 第　　回 準1級 解答用紙　　リスニング

受験番号							
会場							
氏名							

記入例

良い例	悪い例
▬	⊡ ⩗ ⊖ ⊠ ⊟ ▭

〔小さすぎたり，はみだしたり，うすすぎたりしないように。〕

マーク欄全体を塗りつぶしてください。

1

(1)	1	2	3	4
(2)	1	2	3	4
(3)	1	2	3	4
(4)	1	2	3	4
(5)	1	2	3	4
(6)	1	2	3	4
(7)	1	2	3	4
(8)	1	2	3	4
(9)	1	2	3	4
(10)	1	2	3	4

2

		点数
(1)		
(2)		
(3)		
(4)		
(5)		

G 第　　　回　準1級　解答用紙

筆記 1 2 3 4

受験番号	
会場	
氏名	

記入例

良い例	悪い例

小さすぎたり，はみだしたり，うすすぎたりしないように。

マーク欄全体を塗りつぶしてください。

1

(1)	1	2	3	4
(2)	1	2	3	4
(3)	1	2	3	4
(4)	1	2	3	4
(5)	1	2	3	4
(6)	1	2	3	4
(7)	1	2	3	4
(8)	1	2	3	4
(9)	1	2	3	4
(10)	1	2	3	4

2

(1)	1	2	3	4
(2)	1	2	3	4
(3)	1	2	3	4
(4)	1	2	3	4
(5)	1	2	3	4
(6)	1	2	3	4
(7)	1	2	3	4
(8)	1	2	3	4
(9)	1	2	3	4
(10)	1	2	3	4

3

(1)	1	2	3	4
(2)	1	2	3	4
(3)	1	2	3	4
(4)	1	2	3	4
(5)	1	2	3	4
(6)	1	2	3	4
(7)	1	2	3	4
(8)	1	2	3	4

4

点数

(1)	ア	イ

(2)	a
	b
	c

第　　回　1級　解答用紙　　リスニング

受験番号							
会場							
氏名							

記入例

良い例	悪い例
▬	

小さすぎたり，はみだしたり，うすすぎたりしないように。

マーク欄全体を塗りつぶしてください。

1

(1)	1	2	3	4
(2)	1	2	3	4
(3)	1	2	3	4
(4)	1	2	3	4
(5)	1	2	3	4
(6)	1	2	3	4
(7)	1	2	3	4
(8)	1	2	3	4
(9)	1	2	3	4
(10)	1	2	3	4

2

		点数
(1)		
(2)		
(3)		
(4)		
(5)		